COMO ENTENDER O EFEITO
SOMBRA EM SUA VIDA

DEBBIE FORD

COMO ENTENDER O EFEITO SOMBRA EM SUA VIDA

POR QUE PESSOAS BOAS FAZEM COISAS RUINS

Tradução
DENISE DE C. ROCHA DELELA

Editora
Cultrix
SÃO PAULO

Título original: *Why Good People Do Bad Things.*

Copyright © 2002 Debbie Ford.

Copyright da edição brasileira © 2010 Editora Pensamento-Cultrix Ltda.

1ª edição 2010.

7ª reimpressão 2023.

Publicado mediante acordo com Harper Collins Publishers.

Todos os direitos reservados. Nenhuma parte deste livro pode ser reproduzida ou usada de qualquer forma ou por qualquer meio, eletrônico ou mecânico, inclusive fotocópias, gravações ou sistema de armazenamento em banco de dados, sem permissão por escrito, exceto nos casos de trechos curtos citados em resenhas críticas ou artigos de revistas.

A Editora Cultrix não se responsabiliza por eventuais mudanças ocorridas nos endereços convencionais ou eletrônicos citados neste livro.

Ao longo deste livro eu me utilizei de histórias e exemplos criados para ajudar o leitor a compreender melhor o processo. As histórias são uma composição de vários relatos e os nomes foram trocados para proteger a identi-dade dos inocentes (ou culpados) e garantir a sua privacidade.

Coordenação editorial: Denise de C. Rocha Delela e Roseli de S. Ferraz
Revisão: Nilza Agua

Dados internacionais de Catalogação na Publicação (CIP)
(Câmara Brasileira do Livro, SP, Brasil)

Ford, Debbie

　　　Como entender o efeito sombra em sua vida : por que pessoas boas fazem coisas ruins / Debbie Ford ; tradução Denise de C. Rocha Delela. - - São Paulo : Cultrix, 2010.

　　　Título original: Why good people do bad things.
　　　ISBN 978-85-316-1088-2

　　　1. Atitude (Psicologia) 2. Autoajuda - Técnicas 3. Autorrealização (Psicologia) 4. Comportamento autoderrotista 5. Conduta de vida 6. Erros 7. Incapacidade intelectual　　I. Título. II. Título : Por que pessoas boas fazem coisas ruins.

10-07399　　　　　　　　　　　　　　　　　　　　　　　　　CDD-158-1

Índices para catálogo sistemático:
1. Autoajuda : Psicologia aplicada　　　158.1

Direitos de tradução para o Brasil
adquiridos com exclusividade pela
EDITORA PENSAMENTO-CULTRIX LTDA.
Rua Dr. Mário Vicente, 368 — 04270-000 — São Paulo, SP.
Fone: (11) 2066-9000
E-mail: atendimento@editoracultrix.com.br
http://www.editoracultrix.com.br
que se reserva a propriedade literária desta tradução
Foi feito o depósito legal.

Este livro é dedicado à minha maravilhosa família, aos meus amigos leais, à minha brilhante equipe e aos Treinadores Integrativos, que me dedicaram o seu coração, o seu tempo, o seu amor e a sua energia para tornar este livro possível.

Sumário

Aviso ao leitor   11

Parte um: A Batalha Sem Fim

1   O efeito bola de praia   17
2   A cisão   23
3   A gangorra   35
4   Que vergonha!   41
5   Os efeitos colaterais do medo   59
6   O ego corrompido   73
7   Decodificando o falso eu   85

Parte dois: O Tratado de Paz

8   As máscaras   97
9   Despertando da negação   137
10   Desfazendo a cisão   157
11   A força do perdão   187
12   O retorno para o amor   211

A casa de hóspedes

O ser humano é uma casa de hóspedes.
Toda manhã uma nova chegada.
Uma alegria, uma depressão, uma avareza,
uma consciência momentânea aparece
como um visitante inesperado.

Dê as boas-vindas e distraia a todos!
Mesmo que sejam um bando de tristezas,
que violentamente esvazie a sua casa
varrendo dali a mobília,
ainda assim trate todo hóspede com respeito.
Ele pode estar purificando-o
para dar passagem a uma nova alegria.

O pensamento sombrio, a vergonha, a malícia,
receba-as na porta rindo,
e convide-as a entrar.

Seja grato a quem vier,
Pois todos foram enviados
Como um guia do além.

— Rumi

Aviso ao leitor

Saber por que pessoas boas fazem coisas ruins e por que nos tornamos os nossos piores inimigos é uma das mais intensas investigações na qual qualquer um de nós pode embarcar. Trata-se de uma expedição reveladora para desbravar as imensidões sombrias e muitas vezes ocultas que influenciam nossas escolhas e impregnam cada faceta da experiência humana. Essa jornada nos levará ao âmago da dualidade luz/escuridão, em atividade dentro de cada um de nós. Trata-se de uma conversa difícil porém arrebatadora, pois a maioria de nós está cega para a totalidade de quem somos. Esforçamo-nos ao máximo para continuar a ver o mundo de acordo com os pontos de vista que conhecemos, e fazemos tudo o que julgamos necessário para proteger a pessoa que acreditamos ser – seja ela boa ou ruim. Eis por que essa investigação requer certo distanciamento com relação ao que há muito acreditamos ser verdade a nosso próprio respeito, e a exposição dos mecanismos ocultos que nos levam a nos ferir e a ferir outras pessoas.

Essa investigação das polaridades, ambiguidades e hipocrisias da nossa humanidade exige que sejamos totalmente honestos com relação ao que costumamos negar, que tenhamos compaixão dos aspectos que nos causam vergonha e que examinemos com coragem as áreas da nossa vida em que temem admitir as nossas vulnerabilidades. Não se trata do processo de amenizar, encobrir ou fingir que as coisas que fazemos para nos magoar e magoar as outras pessoas não são grande coisa. Trata-se de um processo que nos força a parar de minimizar o impacto dos comportamentos autodestrutivos, a admitir que pagamos um preço alto para mantê-los e que eles nos levam a ser os nossos piores inimigos. Para refrear a nossa autossabotagem, precisamos nos confrontar e estar dispostos a entender como a cisão primordial da nossa natureza autêntica nos levou a criar um eu fabricado – que eu chamo neste livro de *falso eu*. O nosso falso eu é o culpado por agirmos de maneiras inadequadas, destruirmos os nossos relacionamentos, sabotarmos os nossos sonhos e criarmos oportunidades para nos ferir.

Essa trajetória da escuridão para a luz, da dor emocional para a libertação espiritual, tem sido a minha jornada nos últimos 25 anos e, mesmo depois de ter escrito cinco livros, ainda estou consciente de uma verdade mais profunda que ainda tenho que compartilhar. Meu objetivo neste livro é levá-lo a compreender que a sua dor mais profunda é causada pela cisão primordial entre a sua natureza mais elevada e o seu eu humano. Minha intenção é apoiá-lo gentilmente enquanto você desvela as mentiras e distorções, a culpa e a vergonha, que o tornam inconscientemente o seu pior inimigo. Quero interromper os mecanismos internos que fazem com que você volte as costas para si mesmo, ignore sua intuição, cruze limites que não deveria cruzar e deposite o seu poder em outra pessoa, num pensamento, numa crença, num vício ou num impulso que podem fazê-lo se embrenhar por caminhos escuros que não levam a lugar nenhum, em vez de seguir a estrada desobstruída que lhe está destinada. As informações e processos que você encontrará neste livro lhe possibilitarão curar as suas dores mais profundas, questionar as suas inseguranças, acabar com as dúvidas com relação a si mesmo, confrontar os seus demônios interiores e descobrir as maneiras pelas quais você colabora com a sua autodestruição. Este livro lhe propiciará um caminho confiável para vencer a atração gravitacional que o seu passado exerce sobre você e aproveitar as oportunidades infinitas do seu eu verdadeiro e ilimitado.

Eu sei que a maior dádiva que posso lhe conceder é o benefício de toda a minha experiência como facilitadora de workshops, treinadora e educadora. Depois de combater a minha própria escuridão e tendências destrutivas, comecei a entender a perfeição absoluta e o absurdo da experiência humana. Conheço o poder e também os potenciais perigos da nossa dor não processada. E sei o que é preciso para ficar em paz com o passado e integrar os conflitos não resolvidos das nossas mentes consciente e inconsciente. Minha certeza absoluta de que existe luz por trás da escuridão foi o que me permitiu vencer a vergonha e ajudar centenas de milhares de pessoas a fazer o mesmo. Foi a jornada pela escuridão que me ajudou a cultivar um relacionamento íntimo com a minha natureza autêntica. Não foi o meu eu bondoso, mas a pessoa má dentro de mim que me levou a curar as minhas feridas emocionais e acabou fazendo com que a minha carreira deslanchasse. Não foi o meu raciocínio rápido ou um suposto brilhantismo que me levou a transformar a vida de centenas de milhares de pessoas, mas a sabedoria que adquiri ao integrar a minha raiva, descontentamento, vergonha, medo e inseguranças. Na verdade, foi a incapacidade para viver bem neste mundo que me obrigou a fortalecer a minha conexão espiritual e aprender como vicejar, mesmo depois de uma devastação. Foi a própria escuridão que eu não queria ser ou viver que me levou a me transformar na mulher que sempre quis ser.

Todas as minhas falhas e imperfeições – que são muitas – trouxeram-me dádivas inestimáveis, pois elas são o que me levaram a ser o que sou hoje. Não posso mais julgar ou condenar as minhas falhas, fraquezas e impulsos negativos, pois a integração e a sabedoria da minha humanidade levaram-me a resgatar o meu maior dom e criar uma vida muito além de tudo o que eu podia imaginar para mim mesma. Por causa disso, acredito que sou a pessoa perfeita para guiá-lo e apoiá-lo na compreensão de quem você é e do por que faz as coisas que faz.

Quando passamos a entender que somos bons e ruins, luz e escuridão, fortes e fracos, brilhantes e muitas vezes totalmente obtusos, começamos o profundo processo de cura da cisão interior, que invariavelmente ocorre à maioria de nós, em algum momento da vida. Descobri que esse é o único caminho que de fato alivia o sofrimento humano. Conquistamos a paz, não aprendendo novos truques ou mais estratégias para esconder as nossas imperfeições, mas aceitando um pouco mais as nossas inseguranças, vergonha, medo e vulnerabilidades. Quando eliminamos a cisão entre as trevas e a luz, os nossos dr. Jekyll e Mr. Hyde, obtemos os recursos para fazer escolhas melhores, cultivar pensamentos mais edificantes e nos comportar de maneiras que nos deixem orgulhosos e inspirados. Ganhamos coragem e confiança para ver as coisas exatamente como elas são, sem nos enganarmos ou iludirmos, e entendemos que não é por acaso que nos tornamos a pessoa que somos hoje ou que enfrentamos as dificuldades que nos assombram. Com essas informações valiosas em mãos, temos a chave para combater a tendência para a autossabotagem e abrimos a porta para uma vida muito além das limitações do nosso falso eu – uma vida repleta de paixão, sentido e propósito; uma vida agraciada pelas próprias experiências e problemas que antes nos massacravam.

Parte um

A BATALHA SEM FIM

1

O EFEITO BOLA DE PRAIA

Como entender o efeito sombra em sua vida é uma profunda investigação das forças ocultas que nos levam a cometer atos inacreditáveis de autossabotagem e autodestruição. Todos já ouvimos as histórias; elas aparecem nos noticiários da noite, na primeira página dos jornais e nas manchetes das revistas de fofoca: o herói dos esportes olímpicos que cai em desgraça depois de ser acusado de tomar anabolizantes; o pastor de um canal evangélico que é preso por sair com prostitutas; a professora que tem um caso com um dos alunos ou o astro do beisebol que aposta nos próprios jogos. Essas são demonstrações públicas de pessoas boas que se desencaminham, e elas se tornaram uma obsessão nacional.

Ocorrem, no entanto, sem nosso conhecimento, muitos outros atos de autodestruição e inimaginável crueldade no nosso dia a dia: o cirurgião bem-sucedido que perde no jogo o dinheiro reservado para a educação dos filhos, o funcionário público que aceita suborno; a mãe de família que tem um caso com o marido da melhor amiga; o administrador hospitalar que comete uma fraude contra a companhia de seguros ou o gerente financeiro que embolsa dinheiro dos clientes. Essas são pessoas que a maioria de nós consideraria gente de bem, não criminosos, psicopatas ou sociopatas, cujos históricos poderiam nos dar uma dica do seu comportamento inescrupuloso. São pessoas como você e eu, que de início tinham grandes sonhos para o futuro. Mas, apesar das boas intenções, essas supostas pessoas de bem fizeram coisas ruins, muitas vezes sem nem mesmo entender por quê.

Nossa sociedade é prolífera em atos de autodestruição que deixam a maioria de nós perplexos e se perguntando: "Por que ele ou ela fez isso?" "Por que eu fiz isso?" "Como isso pôde acontecer?!" A autossabotagem é o martelo proverbial sobre a nossa cabeça, que finalmente nos desperta, exigindo atenção. Para a maioria de nós, é preciso algo devastador para rachar a nossa cabeça ao meio e nos obrigar a sair da mente e entrar no coração; é preciso sentir a dor de um coração partido e de sonhos estilhaçados para nos levar além das realidades limitadas que criamos para nós mesmos.

Somos seres espirituais, queiramos admitir isso ou não, e inerente ao nosso DNA há um projeto para a nossa volta ao lar – o lar da nossa verdadeira essência, do nosso eu maior, do nosso eu ilimitado. Uma das maneiras pelas quais nós inconscientemente garantimos o retorno é por meio da dor. A dor é o maior motivador que existe para a mudança. Ela é a alavanca espiritual que abre a porta para novas realidades. Será que nos voltaríamos para o nosso eu mais profundo, nos demoraríamos nele, lutaríamos contra ele, investigaríamos seus redutos e iniciaríamos a mudança em nossa vida se tudo fosse perfeito? É mais do que provável que simplesmente continuaríamos a viver o dia a dia no conforto do nosso mundo familiar.

A autossabotagem é um catalisador que pode mudar o nosso mundo num instante. Podemos passar da arrogância e da completa cegueira para a humildade e a abertura em questão de segundos. A dor que impingimos a nós mesmos é uma imensa dádiva espiritual. Quando analisado e compreendido o seu verdadeiro propósito, a dor provocada pela autossabotagem revela territórios novos e desconhecidos que podem mudar o curso da nossa vida.

O calcanhar de aquiles da psique humana

O calcanhar de aquiles da psique humana, o que é muitas vezes chamado de nosso lado sombrio, é a origem de todos os atos de autossabotagem. Fruto da vergonha, do medo e da negação, ele deturpa as nossas boas intenções e nos leva a cometer atos inimagináveis de autodestruição e outros de autossabotagem, não tão inacreditáveis assim.

A vergonha e a negação alimentam o nosso lado sombrio por uma única razão. Se aceitássemos as nossas fraquezas, falhas e fracassos como uma parte natural da nossa humanidade, seríamos capazes de pedir ajuda quando fôssemos confrontados com um impulso com o qual não soubéssemos lidar. Reconheceríamos que esses impulsos sombrios – como a vontade de trair a pessoa amada, apossarmo-nos de dinheiro que não nos pertence ou mentir para ficar em posição de vantagem – são uma parte natural da nossa humanidade que precisa ser compreendida e aceita. Mas, como esses impulsos não são analisados nem examinados, eles permanecem envoltos em vergonha e negação, e escondidos num canto sombrio. E é ali que o nosso eu sombrio, os aspectos negados e indesejados de nós mesmos, ganha forças até que uma explosão seja inevitável.

Todos os nossos aspectos que são negados, todo pensamento e sentimento que condenamos por acharmos inaceitáveis e errados, acabam vindo à tona em nossa vida. Enquanto estamos ocupados com os nossos negócios, criando os filhos ou cuidando daqueles que amamos; quando estamos ocupados demais para prestar atenção nas nossas emoções, temos que esconder os nossos impulsos sombrios e defeitos dos quais nos envergonhamos, e isso nos deixa à mercê de uma explosão externa. Em questão de minutos, quando menos esperamos, um aspecto rejeitado ou indesejável do nosso eu pode vir à superfície e destruir a nossa vida, a nossa reputação e todo o trabalho a que nos dedicamos com afinco. Isso é o que eu chamo de efeito bola de praia.

Pense na quantidade de energia que é necessária para segurar uma bola de praia, daquelas coloridas, debaixo d´água. No momento em que você relaxa ou presta atenção em outra coisa, ela vem à tona e espirra água na sua cara. O Efeito Bola de Praia entra em ação quando você reprimiu algo profundamente na sua psique, armazenando-o nos recessos do seu subconsciente, e depois, quando começa a achar que tudo vai bem, algo acontece: você envia um e-mail calunioso para o colega errado. Trai a pessoa que ama em troca de uma noite de paixão sem sentido. Causa um acidente de carro depois de beber além da conta e vai preso por dirigir embriagado. É pego roubando mercadorias da empresa onde trabalha. Tem um ataque de fúria diante do seu novo namorado. Faz um comentário de mau gosto que lhe custa o emprego. Estoura um prazo final de entrega um pouco antes da avaliação dos funcionários. Perde a cabeça e bate no seu filho num momento de frustração... Em outras palavras, a bola de praia – os seus impulsos reprimidos e a sua dor não processada – vem à tona e bate na sua cara, sabotando os seus sonhos, roubando-lhe a dignidade e deixando-o morto de vergonha.

Quantos atos ostensivos de autossabotagem ainda temos que testemunhar para entender os efeitos devastadores da negação e da repressão do nosso lixo emocional não processado? Don Imus é um exemplo perfeito. Eis um homem que trabalhou duro para se tornar uma das maiores celebridades do rádio e da TV ao longo dos seus 35 anos de carreira na área de comunicação. E em menos de um minuto a reputação que ele demorou anos para construir caiu por terra[1]. A bola de praia subiu à superfície e bateu na cara dele.

Mel Gibson construiu a persona de alguém que tem uma postura moral e ética diante dos outros e dirige filmes com forte apelo espiritual. E embora tenha negado veementemente as acusações de antissemitismo em seu filme *A Paixão de Cristo*, num comentário que fez sob o efeito do álcool ele não conseguiu reprimir as atitudes e crenças que estavam ocultas em sua sombra. Quando foi preso por dirigir embriagado, agrediu verbalmente os policiais com palavras ultrajantes.

Existem maneiras incontáveis pelas quais a bola de praia vem à tona e nos traz de volta à realidade com um golpe no nariz. Pode ser algo tão pequeno quanto uma briga com o marido um pouco antes de saírem num muito esperado fim de semana romântico, ou uma crítica à sua filha na frente dos amigos, depois de passar meses tentando aumentar a autoconfiança dela. Isso também pode acontecer quando você adia a atualização do seu currículo profissional e perde uma incrível oportunidade, ou passa a noite em frente à geladeira depois de fazer dieta duran-

---

[1] Don Imus foi despedido da rádio em que trabalhava, acusado de racismo devido a um comentário que fez sobre a equipe feminina de basquetebol Rutgers.

te três meses. Talvez você durma demais e perca a hora do chá de cozinha de sua melhor amiga ou chame seu amante pelo nome errado. Talvez você faça um comentário sarcástico para si mesmo pensando que a pessoa do outro lado da linha já desligou o telefone, quando na verdade ela ainda está com o fone no ouvido. Enquanto não estivermos dispostos a olhar as bolas de praia que estão um pouco abaixo da superfície da nossa consciência, teremos que viver com medo do momento em que elas aparecerão na superfície e dos efeitos que terão na nossa vida ou na vida das outras pessoas quando isso acontecer. E, acredite-me, são raros os casos em que somos os únicos a nos magoar; com muito mais frequência, a nossa dor não processada machuca muitas pessoas. Muitas vidas serão perturbadas, muitos corações serão feridos e alguns espectadores inocentes também sairão respingados.

Vamos considerar as nossas emoções reprimidas e características rejeitadas como lava humana. A lava existe sob a superfície da Terra. Se não houver na superfície fendas por onde o vapor saia, aliviando a pressão da força poderosa dos subterrâneos, a única saída vem na forma de uma erupção. Do mesmo modo, dentro da nossa psique, os nossos impulsos e ímpetos sombrios vão se acumulando e, a menos que encontremos meios seguros e saudáveis de liberá-los, eles se expressam de maneiras inadequadas e potencialmente perigosas. Quando reconhecemos, aceitamos e integramos o nosso lado sombrio, criamos respiradouros naturais dentro de nós. Ao providenciar uma abertura, eliminamos o risco de uma explosão, pois aliviamos a pressão de uma maneira segura e apropriada. Mas, quando está oculta na escuridão, reprimida por vergonha e negada por medo, a sombra não tem alternativa a não ser vir à superfície por meio de uma erupção. O extravasamento mental e emocional que se segue tem menos a ver com as nossas circunstâncias e com quem está à nossa volta do que com a nossa necessidade de aliviar a pressão.

A nossa psique busca naturalmente um jeito de aliviar a pressão interna causada pela repressão de aspectos rejeitados de nós mesmos. Eis por que somos tão obcecados por notícias ruins, comportamentos ruins e, especialmente, por histórias divulgadas pela mídia explorando a queda de pessoas que estavam no auge da vida. Toda vez que ouvimos um desses relatos chocantes de ganância, luxúria, perversão, estupidez, charlatanismo ou traição, inconscientemente sentimos um alívio interno e a pressão exercida pelo nosso lado sombrio é amenizada. Quando vemos alguém famoso ser acusado de molestar um garoto de 13 anos o nosso próprio fascínio por pornografia de repente parece insignificante em comparação. Quando uma vereadora da nossa cidade é pega roubando numa loja, os impostos que sonegamos parecem coisa de criança. Essa obsessão por desgraças e fracassos na mídia nos propicia uma esperança momentânea de que não sejamos tão horríveis quanto aqueles que vemos retratados na televisão ou no jornal. No entanto, o nosso fascínio pelo lado sombrio dessas pessoas conta uma história diferente.

Pense na proliferação de *reality shows*, como o Big Brother, que nos permitem observar como um voyeur o comportamento competitivo, mesquinho e muitas vezes desprezível dos participantes. Não ficaríamos tão intrigados, tão interessados nem tão atraídos se não possuíssemos os mesmos impulsos e instintos. Quando projetamos o nosso comportamento nos outros e julgamos o comportamento deles, os nossos de repente deixam de parecer tão ruins. Às vezes olhamos o lado sombrio daqueles à nossa volta por causa de um sentimento de cumplicidade e identificação. Vemos as sombras das outras pessoas e, em algum nível inconsciente, sentimo-nos aliviados por não sermos os únicos que temos essas imperfeições.

Se quisermos nos assegurar de que o nosso lado sombrio não se tornará uma força-motriz por trás das nossas ações, precisamos primeiro elucidar os mecanismos internos do sistema operacional humano: o que está embutido na nossa "máquina", inerente a todo ser humano, e o que foi acrescentado posteriormente, como um software programado para cada um de nós. Precisamos expor as duas forças contraditórias que existem dentro de nós: a força que nos instiga a expandir a capacidade de dar e receber amor, a ouvir a voz interior e a ser um membro ativo da nossa comunidade – e a força que nos impede de avançar, que sabota os nossos esforços e repetidamente nos faz tomar rumos que estão em desacordo com os nossos mais elevados objetivos e mais profundos valores. Está na hora de abrirmos os olhos para os motivos que levam pessoas boas – trabalhadoras, comprometidas, bem intencionadas, devotas a Deus, solícitas – a fazer coisas ruins; e analisar honestamente como nos tornamos os nossos piores inimigos.

2

A CISÃO

Por que alguns de nós sacrificamos os mais profundos desejos, a dignidade e os sonhos para satisfazer um impulso que pode destruir a nossa vida e a vida das pessoas à nossa volta? Para entender por que as pessoas boas fazem coisas ruins, temos de começar por entender a estrutura básica da nossa humanidade, a psicologia do ego e a dualidade que existe dentro de cada pessoa do planeta. Reconhecer o que significa ser humano é um passo fundamental para eliminar a cisão entre a luz e as trevas. Se não compreendermos as falhas e os pontos fracos da máquina humana tão bem quanto a sua perfeição e os seus pontos fortes, nunca seremos capazes de fazer as pazes com o nosso próprio ser ou de pôr um fim no conflito interior que nos leva a cometer atos ostensivos de autossabotagem e a sofrer desnecessariamente com os comportamentos inadequados que prejudicam a nossa vida.

Por que precisamos reconhecer e entender a dualidade que existe dentro de cada um de nós? Porque não é o nosso verdadeiro eu que nos leva por caminhos sombrios que roubam a dignidade e o respeito por nós mesmos. Não é o nosso eu mais evoluído que sabota o nosso sucesso e nos arrasta para a humilhação e a dor. É na realidade o eu ferido, a parte de nós que esconde a nossa grande insegurança e vergonha. O ego ferido é o aspecto da nossa humanidade que, por natureza, é vulnerável aos impulsos mais sombrios e tem a capacidade de liquidar com o nosso trabalho duro e de destruir os nossos sonhos. São o ego ferido e as forças sombrias da escuridão que espreitam sob a superfície da mente consciente que têm o poder de arruinar a nossa vida num instante ou nos arrastar para uma existência dolorosa, pontilhada de relacionamentos fracassados, maus negócios, decepções e erros estúpidos.

São as nossas personas cheias de vergonha e todas as sombras que se escondem por trás da superfície da nossa percepção consciente que nos levam a ser "pessoas boas" que fazem coisas ruins. O nosso falso eu é dirigido pelos nossos caprichos desvairados, pelas necessidades insatisfeitas e pelos sentimentos profundos de desvalor. Ele busca o ganho a qualquer preço e vive atrás de satisfação exterior para encobrir o vazio emocional que existe por trás da face que mostramos ao mundo. Trata-se do falso eu, nascido das feridas emocionais, das profundas inseguranças e da nossa aversão por nós mesmos, que precisam ser encaradas se quisermos ajudar a nós mesmos e garantir um futuro estável. Mas se não estivermos dispostos a nem mesmo reconhecer a existência desse falso eu ferido, como poderemos começar a curá-lo, que dirá ser seu amigo?

Um problema espiritual

Em essência, a razão por que as pessoas boas fazem coisas ruins é um problema espiritual provocado pela cisão entre o nosso eu superior e o nosso eu muito humano. Quando o nosso ego saudável sente muita dor, quando não consegue digerir a intensidade das nossas experiências, ele se separa e fica sem rumo. Flutuando sozinho no mundo, só com uma parte do que precisamos para viver uma vida integrada, o ego nos convence a evitar a outra metade do nosso ser, ignorando a totalidade de quem somos. O nosso ego se afasta da essência eterna, do nosso eu verdadeiro e autêntico. E, então, numa tentativa de nos sentirmos inteiros outra vez, criamos um falso eu, um envoltório externo, um verniz para cobrir o nosso mundo interior agora ferido. É aí que a batalha interior tem início.

Que batalha? você talvez se pergunte. A infeliz batalha entre o eu bom e o eu ruim, entre a luz e a escuridão, entre o id e o ego, o Jekyll e o Hyde. A batalha é por território, por terras; ou seja, você. Qual desses eus conquistará o livre acesso à vida humana que ele incorpora? Será a irmãzinha bondosa ou sua gêmea malvada, a força interior da bondade divina ou as forças sombrias do eu ferido?

Depois que entendermos o projeto da nossa humanidade, saberemos que somos ao mesmo tempo divinos e humanos e que, dentro de cada um de nós, existe um intercâmbio de luz e escuridão, bem e mal. A nossa natureza divina é conhecida por muitos nomes: eu sagrado, eu superior, núcleo espiritual, espírito e eu verdadeiro. O ego ferido ou doentio é conhecido como sombra, gêmeo malvado, falso eu ou eu inferior. Na filosofia oriental, essa dualidade é descrita como yin e yang, mas essas polaridades são mencionadas de incontáveis maneiras: O Eu Divino *versus* o Ego Humano; o Coração Coletivo *versus* a Mente Individual; o Eu Verdadeiro *versus* o Falso Eu. Seja qual for o termo que você resolva usar, o importante é que temos um eu superior e um eu inferior, um eu finito e um eu infinito, e precisamos dos dois para sermos inteiros. Estamos vivendo uma experiência humana complexa em que se busca de maneira natural um estado de harmonia entre esses dois aspectos aparentemente contrários do eu, estejamos conscientes disso ou não. Mas esse equilíbrio não pode ser atingido simplesmente tentando ignorar os nossos impulsos mais sombrios, pois isso só levaria a uma dor e separação maiores.

De acordo com a psicologia, essa cisão acontece quando nos dissociamos de certas partes do nosso eu e as reprimimos. Como disse o grande psicanalista suíço Carl Jung muitas décadas atrás, "Eu prefiro ser inteiro a ser bom". Em outras palavras, se tentarmos ser só "bons", separando-nos ou dissociando-nos dos impulsos mais sombrios que existem dentro da nossa estrutura egoica, podemos nos distanciar da própria essência da nossa humanidade. E reprimindo o lado sombrio de nós mesmos, estamos apenas convidando-o a se manifestar de maneiras pouco saudáveis. Temos exemplos vívidos desse fenômeno no caso de certos padres católicos que negam as suas necessidades e desejos sexuais e acabam assediando sexualmente crianças inocentes. Ou da "garota boazinha", de uma família altamente respeitada e dada a obras filantrópicas, que engravida do rapaz transviado da cidade, antes mesmo de entrar na faculdade. Ou do orador da turma que é pego colando nos exames finais. Nós, pessoas boas, fazemos coisas ruins quando damos as costas para os nossos impulsos básicos e negamos nosso sofrimento, descontentamento, angústia e desejos conflitantes. Quando por vergonha negamos ter necessidades e fraquezas humanas, cegamo-nos para a nossa natureza essencial e ignoramos as necessidades do nosso eu inferior. Então, distanciados da parte mais pura do nosso eu, a nossa fonte, descobrimo-nos vulneráveis à expressão de pensamentos, comportamentos e anseios que nunca imaginamos possíveis.

Uma das histórias mais deprimentes que retratam essa desconexão essencial é a de Robert Louis Stevenson, O Estranho Caso do Dr. Jekyll e Mr. Hyde. Embora tenha sido escrita na forma de romance de horror na Inglaterra vitoriana, ela é na verdade muito mais do que um conto sobre a batalha entre moralidade e pecado, entre o bem e o mal. Com um exame mais profundo, descobrimos que se trata de uma alegoria pungente da devastação causada pela repressão. O Dr. Henry Jekyll é um médico e cavalheiro respeitado, a epítome da virtude e da bondade. Mas, como um ser humano, que possui a gama completa de impulsos, desejos, necessidades e capacidades, ele busca secretamente se libertar do pesado fardo da própria dualidade. Vivendo numa realidade de total controle e constrição psicológica, o Dr. Jekyll só pode explorar o seu lado sombrio ao beber uma poção mágica que o liberta das suas inibições e possibilita que os seus aspectos latentes se expressem por meio do seu alter ego, o repulsivo Edward Hyde.

Incapaz de reunir a coragem para reconhecer, admitir e confrontar o lado sombrio de si mesmo, o Dr. Jekyll então cai nas garras do seu vício pela substância e se torna presa do seu próprio predador interno: os desejos e necessidades vorazes e insaciáveis do seu próprio eu rejeitado e abandonado. Incapaz de se conter, Mr. Hyde persegue os fracos – como um velho frágil e uma inocente garotinha. Com um medo profundo de perder a sua elevada posição na sociedade e envergonhado da sua humanidade, esse homem antes gentil e inteligente torna-se vítima da sua própria natureza reprimida. Sem capacidade ou vontade de atender às suas necessidades humanas com consciência, e sem ter acesso à autoaceitação, à humildade e ao remorso, o Dr. Jekyll não vê alternativa nem salvação do que ele imagina ser uma divisão irreconhecível dentro de si. Por fim, ele escolhe a morte como meio para se libertar tanto de si mesmo quanto de Mr. Hyde.

A história de Jekyll e Hyde é um exemplo extremo, mas a verdade é que a maioria de nós serve a dois mestres. A consciência humana não é um todo compacto, mas múltiplo, dinâmico e inconsistente, volátil e frágil. Ao nos esforçarmos para manter a consciência diária, prestando atenção ao que está acontecendo à nossa volta e dentro de nós, nosso primeiro mestre nos impulsiona para que maximizemos essa consciência, para que sejamos os seres humanos "bons" que serão bem-sucedidos na jornada da vida. Nosso segundo mestre, por outro lado, nos pedirá para sermos um tipo diferente de pessoa; em vez de sermos um recipiente para uma consciência maior, ele nos pedirá para contermos todos os conflitos, contradições, ambiguidades, ironias, paradoxos e complexidades da vida humana, que podem causar uma erupção, muitas vezes indesejável e a despeito dos nossos maiores desejos, desvirtuando as nossas melhores intenções. Essa é a situação da nossa experiência humana.

Neste exato momento, dentro de cada um de nós, existem duas vozes brigando para serem ouvidas: a voz da razão, da consciência boa, e o bem do todo maior; e a voz do medo, da vergonha e do egoísmo. A voz do nosso eu superior versus a voz do nosso eu inferior. Esse é o dilema, a batalha interior entre os aspectos sombrios e iluminados da nossa humanidade. Uma voz é relaxada, confiante e estável; enquanto a outra é cheia de medo, nervosa e calculista. Uma traz a promessa da serenidade, da paz de espírito e de um conhecimento inato de que as coisas são como deveriam ser, enquanto a outra ecoa a incerteza fragmentada do desconhecido. Uma nos diz para fazer a coisa certa, para não nos preocuparmos se os vizinhos têm mais do que nós, e a outra nos diz para trabalharmos mais, para encontrarmos um jeito de conseguir as coisas, acumular bens e ganhar o prêmio por ter os melhores brinquedos. Uma nos diz que estamos numa situação abusiva e devemos cair fora, mas a outra minimiza a devastação que ela provoca em nós e diz que não conseguiremos coisa melhor. Uma diz que somos perfeitos do jeito que somos, enquanto a outra insiste em dizer que não somos suficientemente bonitos, inteligentes, magros ou bem-sucedidos". Uma nos tranquiliza, dizendo que não há nada errado em pedir ajuda, pois todos nós temos desafios a vencer; a outra escarnece de nós, nos ridiculariza e humilha, avisando-nos de que, se expressarmos os nossos pensamentos mais sombrios, as nossas inseguranças e os nossos medos em vez alta, seremos colocados de lado, punidos ou abandonados.

Essas duas forças contrárias fazem parte da nossa natureza humana. Não existe absolutamente nada que possamos fazer para eliminar qualquer uma delas, e isso nem seria desejável. Quando compreendemos ambas e deixamos que elas atuem da maneira como devem, descobrimo-nos eternamente gratos por possuir essas duas forças. Podemos nos esforçar para reprimi-las, escondê-las, negá-las, ignorá-las e calá-las, mas elas sempre estarão dentro de nós, queiramos ou não. Elas estarão ali nos tempos de paz interior e nos tempos de conflitos. Embora essas vozes sejam levemente diferentes de pessoa para pessoa, os seus interesses são os mesmos. Uma voz está ali para nos elevar acima das mesquinharias dos nossos dramas pessoais, e a outra está ali para nos manter profundamente envolvidos nos conhecidos domínios do nosso eu inferior. Uma se esforça para apoiar a evolução da nossa alma e para nos ajudar a abarcar o todo maior, e a outra tenta nos manter firmemente arraigados às nossas próprias necessidades e perspectivas. Uma trabalha para garantir que a nossa vida seja importante e que façamos uma diferença no mundo, ao passo que a outra está o tempo todo nos provocando, tentando nos fazer negligenciar os compromissos e a integridade. Uma nos incita a fazer a coisa certa, enquanto a outra nos leva diretamente para o caminho da tentação.

Uma voz nos diz para seguirmos em frente e comermos um grande pedaço de bolo de chocolate, enquanto a outra nos lembra de que uma fatia de bolo será suficiente para acabar com a nossa dieta e nos deixar com a consciência pesada por vários dias. Uma vê algo que quer e pensa num jeito de consegui-lo, enquanto a outra nos aconselha que é errado roubar. Uma nos diz para comer e depois tomar purgantes, enquanto a outra nos avisa com firmeza que estamos doentes e precisamos de ajuda. Uma nos instiga a aceitar mais uma rodada de cerveja ou mais um drinque, enquanto a outra diz que já bebemos o suficiente. Uma quer comprar aquele belíssimo par de sapatos ou fazer aquele luxuoso passeio de final de semana, enquanto a outra nos lembra de que a nossa conta já está no vermelho e estamos profundamente endividados. Uma nos diz para sonegar impostos, enquanto a outra nos adverte de que isso é contra a lei.

Uma mente sem pestanejar, enquanto a outra nos mantém conscientes de que estamos enganando outra pessoa. Uma diz que trapacear não é certo, enquanto a outra nos deixa envolver pela ganância e nos encoraja a violar a lei. Uma diz, "Veja quantas coisas boas eu consegui! Não importa se algumas pessoas foram prejudicadas no percurso...", enquanto a outra diz, "Pare. Você está prejudicando outras pessoas". Uma deixa bem claro quando já ultrapassamos os limites, enquanto a outra suplica, "Não pare! Se parar eu morrerei!" Uma diz que precisamos estar sempre certos, custe o que custar; a outra nos lembra gentilmente que errar é humano e às vezes cometemos erros. Uma nos instiga a descontar a nossa raiva e frustração batendo nos nossos filhos, e a outra nos lembra de que eles são almas preciosas, que merecem o nosso amor e a nossa paciência. Uma nos faz viver num ritmo tão intenso que mal temos tempo para pensar no que estamos fazendo, enquanto a outra nos diz, "Faça uma pausa para respirar e pense nas consequências do seu comportamento".

Esse é um conflito milenar entre as duas forças opostas que existem dentro de cada um de nós, cada uma delas lutando para sobreviver, enquanto ao mesmo tempo tentam chegar num acordo com a outra: a força divina que nos expande e eleva, que nos inspira a compartilhar as nossas dádivas únicas em benefício do mundo; e a força que nos impede de avançar, que nos aprisiona na pequenez dos pensamentos mais baixos e alimenta os nossos desejos mais primitivos e egoístas.

Essas duas forças travam uma guerra interior e o campo de batalha é a nossa consciência. A força vencedora tem a capacidade de nos dar alegria, sucesso, amor e o sentimento de pertencer a uma comunidade; ou nos rouba oportunidades e nos traz infelicidade, miséria e sofrimento. Essas duas forças, com interesses aparentemente opostos, lutam para dominar a nossa vida. Qual das duas vencerá?

Muitos eus, um só mestre

Existe uma antiga história dos índios cherokee sobre o cacique de uma grande aldeia. Um dia, o cacique decidiu que era hora de orientar o seu neto favorito sobre a vida. Ele o levou para o meio da floresta, fez com que se sentasse sob uma velha árvore e explicou, "Filho, existe uma batalha sendo travada dentro da mente e do coração de todo ser humano que vive hoje. Embora eu seja um velho e sábio cacique, o líder da nossa tribo, essa mesma batalha é travada dentro de mim. Se você não souber dessa batalha, ela o fará perder o juízo. Você nunca saberá que direção tomar. Às vezes vencerá na vida e, depois, sem entender o porquê, perceberá que está perdido, confuso, com medo, arriscado a perder tudo o que trabalhou tanto para ganhar. Você muitas vezes achará que está fazendo a coisa certa e depois descobrirá que fez as escolhas erradas. Se você não entender as forças do bem e do mal, a vida individual e a vida coletiva, o verdadeiro eu e o falso eu, você viverá a vida todo num grande tumulto.

"É como se existissem dois grandes lobos vivendo dentro de mim; um é branco e o outro é preto. O lobo branco é bom, gentil e não faz mal a ninguém. Ele vive em harmonia com tudo à sua volta e não se ofende se a intenção não era ofender. O lobo bom, sensato e certo de quem ele é e do que é capaz, briga apenas quando essa é a coisa certa a fazer e quando precisa se proteger ou à sua família, e mesmo então ele faz isso da maneira certa. Ele toma conta de todos os outros lobos da matilha e nunca se desvia da sua natureza.

"Mas existe o lobo preto também, que vive dentro de mim, e esse lobo é bem diferente. Ele é ruidoso, zangado, descontente, ciumento e medroso. Basta uma coisinha para que ele se encha de fúria. Ele briga com todo mundo, o tempo todo, sem nenhuma razão. Ele não consegue pensar com clareza, porque a sua ganância para ter sempre mais e a sua raiva e a sua ira são grandes demais. Mas trata-se de uma raiva infrutífera, filho, porque ela não muda nada. Esse lobo só procura confusão aonde quer que vá, e por isso sempre acaba achando. Ele não confia em ninguém, por isso não tem amigos de verdade."

O velho cacique ficou sentado em silêncio durante alguns minutos, deixando que a história dos dois lobos penetrasse na mente do jovem neto. Então ele lentamente se curvou, olhou fixamente nos olhos do menino e confessou, "Às vezes, é difícil viver com esses dois lobos dentro de mim, pois eles brigam muito para dominar o meu espírito".

Cativado pela história do ancião sobre essa grande batalha interior, o menino puxou a tanga do avô e perguntou, ansioso, "Qual dos dois lobos vence, vovô?" E com um sorriso cheio de sabedoria e uma voz firme e forte, o cacique diz, "Os dois, filho. Veja, se eu escolho alimentar só o lobo branco, o preto ficará à espreita, esperando o momento em que eu sair do equilíbrio ou ficar ocupado demais para prestar atenção às minhas responsabilidades, e então atacará o lobo branco e causará muitos problemas para mim e nossa tribo. Ele viverá sempre com raiva e brigará para atrair a atenção pela qual tanto anseia. Mas, se eu prestar um pouquinho de atenção no lobo preto, compreendendo a sua natureza, se reconhecê-lo como a força poderosa que ele é e deixá-lo saber que eu o respeito pelo seu caráter e o usarei para me ajudar se um dia eu ou a tribo estivermos em apuros, ele ficará feliz, e o lobo branco ficará feliz também, e ambos vencerão. Todos venceremos".

Sem entender direito, o menino perguntou, "Não entendi, vovô. Como os dois lobos podem ganhar?" O cacique continuou a explicação: "Veja, filho, o lobo preto tem muitas qualidades importantes de que eu posso precisar, dependendo das circunstâncias. Ele é feroz, determinado, e não se deixará subjugar nem por um segundo. Ele é inteligente, astuto e capaz dos pensamentos e estratégias mais tortuosos, o que é importante em tempos de guerra. Ele tem os sentidos aguçados e superiores que só aqueles que olham através da escuridão podem apreciar. Em meio a um ataque, ele poderia ser o nosso maior aliado". O cacique então tirou da sua bolsa alguns pedaços de carne defumada e colocou-os no chão, um à direita e o outro à esquerda. Ele apontou para a carne e disse, "À minha esquerda está a comida para o lobo branco e à minha direita está a comida para o lobo preto. Se eu optar por alimentar os dois, eles não brigarão mais pela minha atenção, e eu poderei utilizar cada um deles como precisar. E como não haverá guerra entre eles, poderei ouvir a voz da minha sabedoria profunda e escolher qual dos dois pode me ajudar melhor em cada circunstância. Se a sua avó quer uma carne para fazer uma refeição especial e eu não cuidei disso como deveria, posso pedir para o lobo branco me emprestar a sua magia e consolar o lobo preto da sua avó, que estará zangada e faminta. O lobo branco sempre sabe o que dizer e me ajudará a ser mais sensível às necessidades dela. Veja, filho, se você compreender que existem duas grandes forças dentro de você e respeitar a ambas igualmente, as duas sairão ganhando e haverá paz. A paz, meu filho, é a missão dos cherokees – o propósito supremo da vida. Um homem que tem paz dentro de si tem tudo. Um homem dividido pela guerra em seu íntimo não tem nada. Você é um jovem que precisa escolher como vai lidar com as forças opostas que vivem no seu interior. A sua decisão determinará a qualidade do resto da sua vida. E quando um dos lobos precisar de atenção especial, o que acontecerá às vezes, você não terá do que se envergonhar; poderá simplesmente admitir isso para os anciãos e conseguirá a ajuda de que precisa. Quando isso for de conhecimento público, aqueles que já travaram essa mesma batalha podem oferecer-lhe a sua sabedoria".

Essa história simples e pungente explica como é a experiência humana. Cada um de nós está em meio a uma batalha contínua, em que as forças da luz e da escuridão competem pela nossa atenção e pela nossa submissão. Tanto a luz quanto a escuridão habitam dentro de nós ao mesmo tempo. Verdade seja dita: existe uma matilha inteira de lobos dentro de nós – o lobo amoroso, o lobo bondoso, o lobo esperto, o lobo sensível, o lobo forte, o lobo altruísta, o lobo generoso e o lobo criativo. Junto com esses aspectos positivos existem o lobo insatisfeito, o lobo ingrato, o lobo autoritário, o lobo desagradável, o lobo egoísta, o lobo indecente, o lobo mentiroso e o lobo destrutivo. Todo dia temos a oportunidade de reconhecer todos esses lobos, todas essas partes de nós mesmos, e escolher como iremos nos relacionar com cada um deles. Será que continuaremos condenando alguns e fingindo que eles não existem ou vamos tomar posse de toda a matilha?

Por que sentimos a necessidade de negar a matilha de lobos que vive em nós? A resposta é fácil. Ou achamos que ela não existe ou que não deveria existir. Tememos que, se admitirmos todos os diferentes eus que ocupam espaço na nossa psique, de algum modo seremos rotulados de esquisitos, diferentes, prejudiciais ou psicologicamente fragmentados. Achamos que devemos ser pessoas boas e "normais", dentro das quais só mora um único eu. Mas existem muitos eus e a recusa em entrar em acordo com eles é um grave erro – que nos levará a cometer atos estúpidos e temerários de autossabotagem.

Eis o grande segredo: existem muitos eus contidos dentro do nosso "eu", pois dentro de cada um de nós existem todas as qualidades possíveis. Não há nada que possamos ver e nada que possamos julgar que não exista dentro de nós. Todos somos luz e escuridão, santos e pecadores, pessoas adoráveis e abomináveis. Somos todos gentis e calorosos, mas também frios e cruéis. Dentro de você e dentro de mim existem todas as qualidades conhecidas pela espécie humana. Embora possamos não estar conscientes de todas as qualidades que possuímos, elas estão adormecidas dentro e nós e podem despertar a qualquer momento, em qualquer lugar. A compreensão disso nos permite entender por que todos nós, que somos "bons", somos capazes de fazer coisas ruins e, mais importante, por que às vezes nos tornamos os nossos piores inimigos.

3

A GANGORRA

Em seu livro *In Search of the Miraculous*[2], P. D. Ouspensky, um aluno do mestre espiritual russo G. I. Gurdjieff, conta uma história que capta a multiplicidade da consciência humana. "O pior erro", dizia ele, "é crer numa unidade permanente do homem. Mas o homem nunca é um. Muda continuamente. Raramente permanece idêntico, mesmo que por meia hora. Pensamos que um homem chamado Ivan é sempre Ivan. Nada disso. Agora é Ivan, um minuto mais tarde Pedro e, mais tarde ainda, Nicolau, Sérgio, Mateus, Simão. Mas todos pensam que ele é o Ivan. Sabem que Ivan não pode praticar certos atos, não pode mentir, por exemplo. E agora descobrem que Ivan mentiu e ficam muito surpresos porque ele, Ivan, fez tal coisa. É verdade, Ivan não pode mentir; foi Nicolau quem mentiu. E, a cada vez, Nicolau mentirá de novo, porque Nicolau não pode deixar de mentir. Ficarão espantados quando se derem conta da multidão desses Ivan e desses Nicolau que vivem num só homem.

---

2 *Fragmentos de um Ensinamento Desconhecido – Em Busca do Milagroso*, publicado pela Editora Pensamento, SP, 1982.

Todos nós somos capazes de sentir humildade e arrogância, generosidade e ganância, paz de espírito e violência. Você pode imaginar cada um desses pares de opostos sobre uma extremidade de uma gangorra. Quando tomamos posse de cada um dos extremos e os aceitamos, a gangorra fica equilibrada. Mas ao reprimirmos uma das extremidades, na tentativa de mostrar ao mundo apenas o lado brilhante de nossa persona, ao tentarmos gerenciar as nossas tendências sombrias, em vez de ficar em paz com elas, deixamos a gangorra perigosamente desequilibrada. E, como a nossa psique está sempre buscando inteireza e equilíbrio, é só uma questão de tempo antes que o nosso lado sombrio mostre a sua cabeça feia, ameaçando solapar e destruir tudo o que queríamos.

Todos temos todas essas qualidades dentro de nós. Dentro do nosso DNA existe o potencial de todas as qualidades que podemos ver nos outros. A condição humana é de polaridades. É um paradoxo. Negar-se a ver esse paradoxo e o nosso todo ou o verdadeiro eu – especialmente negando os traços que são os opostos polares do que gostaríamos que fosse verdadeiro em nós – é o que nos causa uma dor e sofrimento indizíveis, e aumenta a probabilidade de sabotarmos a nossa vida.

A negação da nossa condição humana em sua totalidade limita o que conseguimos ver em nós mesmos e nos outros e corta a nossa ligação com o próprio recurso de que precisamos para viver uma vida plena, feliz e bem-sucedida. Que recurso é esse?, você talvez pergunte. É simples: esse recurso é a verdade. Quando estamos dispostos a aceitar o paradoxo humano, ficamos suficientemente conscientes para sermos verdadeiros com nós mesmos. Só assim podemos ver com clareza e honestidade quem somos e do que somos capazes. A verdade é o ingrediente essencial de que precisamos para garantir que o nosso "eu inteiro", e não o nosso "gêmeo cruel", seja responsável pelas decisões acerca do nosso comportamento e das nossas escolhas.

Se presumirmos que as pessoas boas não podem fazer coisas ruins, teremos de nos perguntar quem é que de fato está fazendo coisas ruins. Será que as pessoas boas na verdade são ruins? Afinal, o que é ser bom? Somos apenas bons ou apenas ruins? Só branco e preto, sem nenhuma nuança acinzentada entre um e outro? Se as pessoas "boas" não podem fazer coisas ruins, então quem, dentre nós, está cometendo esses atos vis? A maioria de nós se considera unicamente bom e não se dá conta da sombra desse pensamento unilateral. Essa é uma perspectiva tacanha da nossa humanidade que nos leva a crenças distorcidas e moralistas que limitam perigosamente a maneira como nos vemos, como vemos os outros e como vemos o mundo.

É preciso um esforço moral para entender que todos somos capazes dos atos mais abomináveis e de comportamentos autodestrutivos. A preguiça psicológica caracteriza a maior parte da nossa adaptação à vida, na qual o bem reside dentro de nós e o mal é projetado sobre os outros. Esse é o caso do político de alto escalão que aponta o dedo para o presidente, acusando-o de ter um caso – expressando diante de repórteres e milhões de norte-americanos a sua indignação diante da ofensa imperdoável do presidente –, e a respeito de quem se descobre que teve um caso extraconjugal na mesma época.

E então temos o pastor experiente de uma igreja de catorze mil fiéis, que condena o homossexualismo com ar severo e defende a proibição do casamento entre pessoas do mesmo sexo, mas depois é forçado a se retratar quando um garoto de programa revela que teve um relacionamento de três anos com ele.

Ou o ex-líder do Senado cujas ideias segregacionistas vieram à baila na própria celebração pública do centésimo aniversário do senador Strom Thurmond, chocando todo o país. Num artigo de dezembro de 2002, o jornalista Bob Weir descreveu com brilhantismo esse desastre verbal, esse ato inconsciente de autossabotagem, como "uma erupção involuntária de preconceitos primitivos mantidos cativos pelos limites de propriedade". Eu não poderia ter dado uma descrição melhor.

Os nossos eus rejeitados, renegados, e a vergonha que eles encerram, dão a resposta secreta para a pergunta, "por que nós somos os nossos maiores inimigos?" Mas, se é verdade que não somos tão bons quanto pensávamos ser, se há mais em nós do que revelamos, até para nós mesmos, o que devemos fazer a respeito?

Voltando-se para o seu mundo interior

Embora possamos assistir incrédulos quando outras pessoas cometem crimes passionais por estupidez ou ganância, e gritemos, "Eu nunca faria isso!", estudos revelaram que, no conjunto certo ou errado de circunstâncias, a maioria de nós pode ser influenciada, desviando-se do seu curso, e convencida a participar de comportamentos de que nunca acreditaríamos ser capazes. A maioria de nós pode e exibirá comportamentos e qualidades, durante a vida, dos quais não se julgava capaz – abandonar o parceiro, tomar o que é do outro, puxar o tapete de outra pessoa ou mentir para encobrir um mau hábito ou um erro.

Existem muitos aspectos renegados nossos que podem e serão expressos de maneira autônoma, queiramos ou não acreditar nisso. Eles vivem nos recessos sombrios do nosso ego ferido. A nossa sombra pode ser imaginada como uma coleção desses eus parciais, que existem logo abaixo da superfície da nossa consciência. Quando ignorados, eles se tornam forças poderosas que podem agir como entidades independentes. Podem surgir a qualquer momento em nossa vida, roubando-nos todas as coisas que trabalhamos duro para conquistar. Podem sabotar os nossos relacionamentos, nossas finanças, nossa família e nosso futuro, e, no entanto, a maioria de nós prefere negar a sua existência. Trabalhamos com afinco para ignorar esses aspectos. Usamos sem perceber a comida, o álcool, o sexo, as drogas, a excitação, o acúmulo de coisas, a fofoca e os casos de uma só noite como maneiras de nos distrair daquilo que julgamos inaceitável ou desagradável.

Fazemos coisas ruins aos outros e a nós mesmos quando não podemos ou não queremos admitir que existe muito mais atrás da nossa fachada do que queremos ver ou saber. Mas precisamos entender que cada parte nossa tem uma necessidade essencial que requer atenção, e quando optamos por ignorar constantemente as necessidades dos nossos muitos eus, corremos o perigo de perder o controle do nosso comportamento e nos tornarmos os nossos piores inimigos. A vergonha que sentimos dessas partes rejeitadas e das suas necessidades insatisfeitas nos leva a fechar os olhos para o nosso conhecimento profundo do que é certo ou errado e para o que representa o nosso mais elevado bem.

Ao compreendermos que todos nós somos simultaneamente pessoas "boas" e "más", somos mais capazes de abrir mão dos julgamentos e parar de apontar o dedo para aqueles que são pegos agindo de acordo com os seus impulsos mais sombrios. Nós os veremos como eles são – as pobres almas que foram pegas de calças curtas quando o seu lado sombrio assumiu o controle; quando algumas qualidades que eles pensavam que haviam conseguido reprimir vêm à tona. Ou quando uma ferida tão profunda e dolorosa é exposta e eles reagem sem pensar, sem sequer considerar as consequências do seu comportamento. Quando entendermos quem somos no nível mais profundo, como somos estruturados e o que nos leva a fazer o que fazemos, veremos como as experiências humanas são previsíveis. Veremos as razões ocultas que nos levam a fazer as coisas que fazemos, a reagir da maneira como reagimos – mesmo quando conscientemente não queremos agir assim. Ficaremos frente a frente com a constatação de que somos muitas vezes meros fantoches, escravos de uma programação interna que comanda as nossas ações, as nossas reações, as nossas escolhas e, por fim, o nosso comportamento.

4

QUE VERGONHA!

A vergonha não reconhecida nem processada é o que nos faz sabotar o sucesso, ir contra os próprios interesses, tomar o que não é nosso, ceder aos velhos vícios e destruir os nossos relacionamentos. A autossabotagem é o nosso jeito de exteriorizar a vergonha que sentimos – ou seja, inconscientemente fazemos algo para nos envergonhar, de modo que possamos curar o incidente que nos causou a vergonha para começo de conversa. Outra maneira de dizer isso é: se não enfrentarmos a nossa vergonha, ela nos enfrentará. Se continuarmos a ignorar ou reprimir a nossa vergonha, nós a expressaremos de alguma maneira autodestrutiva. É por isso que é tão importante encarar a dor do passado, aprender com ela e usá-la para crescer e contribuir com o todo maior; assim não teremos que fazer algo para exteriorizar o que não podemos ver. Ao compreendermos o valor intrínseco da vergonha, nós a veremos como ela é: um guia espiritual para nos ajudar a entender e conhecer o nosso ser no nível mais profundo, curar as nossas feridas emocionais e desativar a nossa programação negativa. É um tratamento espiritual – o modo que a nossa alma tem de nos levar de volta para casa, para a nossa natureza autêntica.

Os atos de autossabotagem podem parecer gratuitos, mas eu afirmaria que eles são a maneira de a natureza nos mostrar a vergonha que escondemos dentro de nós e a cisão que nos consome. Podemos conseguir esconder essa vergonha por um tempo – até o dia em que o conjunto certo de circunstâncias vem nos lembrar do que temos enterrado bem no fundo do peito. Talvez sentimentos de fracasso, incompetência e desvalor comecem a agitar o nosso mundo interior, deixando-nos ansiosos, amargos e inseguros. Ou talvez a nossa vergonha seja desencadeada ao percebermos que os outros atingiram um nível de realização que está muito além do nosso. Ou talvez isso aconteça quando atingimos um nível de sucesso, influência, amor ou admiração que esteja além do que estávamos acostumados. Temendo ser marginalizados do nosso grupo social, provocar ciúmes dos outros membros, ou sentir vergonha por sermos mais talentosos ou bem dotados do que nossos irmãos ou amigos, nós nos impomos limites ou refreamos o próprio sucesso. Em outras palavras, sabotamos o sucesso que estava ao alcance das nossas mãos.

Algumas pessoas utilizam essa queda do topo como prova de que são fracas e cheias de falhas, ou simplesmente tão medíocres quanto o resto de nós. Foi o caso de William W., um astro do beisebol de 18 anos, que tinha acabado de fechar um contrato de mais de três milhões de dólares para jogar num time da liga principal. Menos de duas semanas depois, ele se embebedou, entrou numa briga e foi preso, perdendo o seu contrato e arruinando os seus sonhos num só dia. Ou pense no caso da jovem estrela que atingiu o alvo e depois disso foi várias vezes presa por dirigir embriagada e drogada. Com algumas escolhas ruins, ela conseguiu expor a sua dor e vergonha profundas, provando que não merecia, mais do que o resto de nós, a adoração de que era alvo. Não importa qual seja o ato de autossabotagem – não importa de que altura seja a nossa queda do topo ou do quanto seja difícil sair da sarjeta –, se a dor for intensa o suficiente, nós temos um vislumbre do eu que existe do lado de fora da nossa estrutura egoica. A dor e a vergonha continuam sendo os catalisadores mais decisivos para provocar a mudança num ser humano. Mas, para lidar com a nossa vergonha interior, precisamos primeiro entender o que ela é e de onde vem.

Se você tiver coragem para examinar os mecanismos do ser humano, logo perceberá que possui uma gama muito mais ampla de qualidades humanas do que imagina, uma gama mais ampla de comportamentos do que se dá ao trabalho de reconhecer. Mas vem à baila a pergunta: por que você não reconhece a totalidade de quem é? A resposta é simples: porque foi treinado na infância a *não* ser você mesmo. Você foi condicionado a acreditar que, se se apresentar aos outros com o seu eu autêntico e inteiro, expressando todas as partes do seu eu (tanto as iluminadas quanto as sombrias, tanto as boas quanto as ruins), você será rejeitado, marginalizado e rotulado. Portanto, antes mesmo de aprender a ler e escrever, você já tinha iniciado o doloroso e lamentável processo de separação da totalidade do seu eu integral, tudo em nome do desejo de ser amado, de ser aceito e de pertencer ao seu grupo.

É assim que isso funciona: um dia, eu chego em casa do trabalho e pergunto ao meu amoroso filho de 3 anos, "Você lavou o cabelo hoje?" E sem piscar ele responde, "Lavei, mamãe". Eu fico aliviada. Quando a babá está se despedindo, ela se vira para mim ao sair e diz, "Ah, ele não me deixou lavar o cabelo dele hoje". Então, aqui estou eu, sentada diante da coisa mais preciosa do mundo para mim e constatando que ele é um..., isto mesmo, ele é um mentiroso. Fico mortificada. Como ele pôde, o meu garotinho lindo, mentir para mim? Alguns dias se passam e eu convido alguns amigos dele para vir em casa e sirvo um prato com quatro biscoitos. Então pergunto ao meu filho, "Quantos biscoitos você quer?" E ele responde, "Quatro", e eu descubro que ele é... ganancioso.

Algumas semanas mais tarde, depois de ter ficado no parquinho com ele por várias horas, voltamos para casa e vou para o escritório trabalhar um pouco. Meu filho entra e eu lhe pergunto, "Agora é hora de brincar com você ou é hora de a mamãe trabalhar?" E com um sorriso de tirar o fôlego ele diz inocentemente, "É hora de brincar!" Então eu percebo que ele é... egoísta. Então, ali estou eu com meu encantador, amoroso, doce e gentil filhinho de 3 anos de idade, que eu amo mais do que tudo no mundo, e ele já deu mostras de ser uma pessoa mentirosa, gananciosa e egoísta. Eu sei que, se quiser ser uma boa mãe, devo ensinar a ele que não é bom ser tudo isso. Se eu sou boa, tenho que dizer a ele, "Não seja egoísta. Ninguém gosta de gente egoísta"; "Não seja mentiroso, ou eu vou colocá-lo de castigo e não vou gostar de você"; "Não seja ganancioso, ou você não terá amigos". Minha obrigação é envergonhá-lo e puni-lo de modo que ele esconda esses impulsos e comportamentos.

Minha obrigação é ensiná-lo que as pessoas boas não fazem essas coisas. Mas ele já demonstrou essas características. Ele já mentiu, já foi egoísta e já foi ganancioso. Ele já tirou um brinquedo das mãos de uma garotinha e já derrubou outra criança pequena enquanto corria para dar uma volta de pônei. E, mais uma vez, se eu for boa mãe, preciso dizer a ele, "Não faça isso, não faça aquilo!" Eu me sinto péssima, porque sei que, se eu o envergonho, ele internalizará uma mensagem, uma mensagem contra a qual vejo milhares de pessoas lutando, uma mensagem que sei que a maioria dos homens e mulheres internalizou: existe algo errado comigo. Eu não sou legal. Eu não tenho valor. Eu sou ruim.

Vivo em conflito com a noção de que, se ele mostrar naturalmente os seus impulsos humanos e eu o repreender por isso, ele incorporará a mesma programação interna de vergonha que o resto de nós carrega. Fiquei horrorizada com esse pensamento quando me dei conta da razão por que rejeitamos, reprimimos e odiamos partes da nossa humanidade e nos constrangemos com elas. Meu filho não é diferente de todas as outras crianças da sua faixa etária. Ele é um garoto normal, saudável, com impulsos humanos normais. Mas ele é humano – perfeito e imperfeito, assim como você e eu.

Eu queria encontrar um jeito de ensinar ao meu filho que há momentos em que uma dose de ganância pode ajudá-lo a poupar dinheiro para o futuro, ou que um pouco de egoísmo pode ajudá-lo a impor limites a um colega de escola ou de trabalho abusado. Eu gostaria que ele soubesse que, se um predador da Internet perguntar o seu nome, seria aceitável mentir e inventar uma identidade falsa – até mesmo sofisticar a mentira dizendo, não que tem 14 anos e está sozinho em casa, mas que é um policial de 45 anos, que sabe quem ele é e onde está.

Como mãe, quero que meu filho entenda que existe o claro e o escuro, o bem e o mal, assim como uma bênção e uma maldição em todos os aspectos da nossa humanidade. E nunca ouvi história melhor do que esta, do guru Mayi, o líder da Siddha Yoga Foundation, para ilustrar esse ponto.

Um dia, o regente de um reino muito próspero mandou chamar um dos seus mensageiros. Quando ele chegou, o rei lhe disse para sair pelo mundo e encontrar a pior coisa que existe e trazê-la dentro de alguns dias. O mensageiro partiu e voltou dias depois com as mãos vazias. Intrigado, o rei perguntou, "O que você descobriu? Não vejo nada". O mensageiro disse, "Está bem aqui, Sua Majestade", e esticou a língua para fora. Espantado, o rei pediu que o jovem se explicasse. O mensageiro explicou, "A minha língua é a pior coisa que existe, pois pode fazer coisas horríveis. Minha língua diz coisas torpes e conta mentiras. Eu posso me permitir exageros com a minha língua que me deixam cansado e doente, e posso dizer coisas que machuquem outras pessoas. Minha língua é a pior coisa do mundo". Satisfeito, o rei então ordenou que o mensageiro saísse pelo mundo, atrás da melhor coisa que existe.

O mensageiro partiu às pressas e mais uma vez voltou, depois de alguns dias, sem nada nas mãos. "Onde está?", o rei gritou. Mais uma vez o mensageiro esticou a língua. "Como assim?", perguntou o rei. "Explique-se." O mensageiro explicou, "Minha língua é a melhor coisa que existe no mundo. Ela é uma mensageira do amor. Só com ela posso expressar a beleza sublime da poesia. Minha língua me ensina sobre o gosto refinado e me orienta na escolha dos alimentos que nutrem o meu corpo. A minha língua é a melhor coisa que existe neste mundo, pois me permite entoar o nome de Deus".

Desde o início da vida, fomos treinados a rejeitar e reprimir certas partes de quem somos porque acreditamos que elas sejam ruins. Mas no momento em que fechamos a porta sobre um desses aspectos nossos, desencadeamos a batalha com o nosso lado sombrio. A negação do nosso eu, seja por meio da repressão, da supressão ou da rejeição, é o alimento que sustenta e nutre os impulsos sombrios, que nos levam a atos espontâneos de autossabotagem. Dizem-nos, "Não fique com raiva, não seja egoísta e não seja ganancioso!" *Não seja* é a mensagem introjetada em nós nos primeiros anos de vida, e depois que tivermos determinado, por medo e por vergonha, toda a miríade de características que temos que rejeitar, essa mensagem interna passa a comandar todos os nossos comportamentos e escolhas.

Estejamos conscientes ou não, todos nós agimos com base em sentimentos devastadores de vergonha, humilhação e constrangimento. Fazemos o possível para evitar o sentimento brutal de dor causado pela ideia de que não somos bons o suficiente. Esforçamo-nos para encobrir o fato de que acreditamos estar marginalizados, separados e sozinhos por causa das nossas supostas falhas e fracassos como seres humanos. Tentamos desesperadamente evitar o sentimento de vergonha que pesa mais do que uma âncora de duas toneladas no pescoço, destruindo os nossos sonhos, a vontade de viver e a alegria.

Para nos libertarmos do que, segundo o teólogo e psicólogo John Bradshaw, é a vergonha que nos amarra, precisamos distinguir a vergonha saudável da vergonha tóxica. A culpa saudável é um mecanismo embutido, cujo objetivo é nos ajudar a reconhecer quando estamos nos comportando de maneira aceitável e quando não estamos. Esse sentimento saudável de vergonha é como um barômetro interno que nos informa quando estamos exercitando a nossa integridade e quando nos desviamos dela. Ela serve como um alarme que nos alerta quando nos afastamos do nosso eu superior ou verdadeiro e estamos fazendo escolhas com base no nosso eu inferior. A vergonha saudável produz sentimentos e sensações no nosso corpo que nos ajudam a perceber quando nos desviamos do curso. Como uma bússola interior, a vergonha saudável faz o máximo para nos orientar e nos direcionar para o potencial mais elevado, seja ele qual for. Ela é instintiva, natural e necessária para monitorarmos o nosso comportamento. A vergonha saudável faz parte do sistema operacional humano. Todos vivenciamos em nosso corpo o sentimento que nos faz perceber que estamos fazendo – ou estamos prestes a fazer – algo inadequado. Por exemplo, se bebemos a ponto de não conseguirmos falar direito à mesa de jantar, a culpa saudável nos comunica que estamos nos colocando numa situação constrangedora. Se estamos próximas demais do marido de uma amiga ou usando algo muito revelador, a voz da vergonha saudável nos diz para nos afastarmos ou nos cobrir. Todos nascemos com esse mecanismo, e quando nos conectamos a ele e conseguimos distingui-lo, ele passa a ser um grande aliado e amigo.

A vergonha tóxica, por outro lado, é resultado da nossa programação. Ela entra no nosso sistema na forma de uma mensagem negativa que incorporamos de alguém ou de uma mentira que contamos a nós mesmos. Então, como o mofo, a vergonha tóxica cresce nos recessos escuros e ocultos do nosso mundo interior. Ela se torna mais grossa e densa, acabando por nos cobrir como um revestimento espesso que destroi a autoestima e sufoca o senso de valor próprio. Cada situação que provoca o sentimento de que somos feios, inferiores, burros ou sem valor colabora com o crescimento dessa vergonha tóxica, tornando cada vez mais difícil reconhecermos o eu autêntico. À medida que incorporamos cada vez mais mensagens pautadas na vergonha, começamos a criar inconscientemente o que eu chamo de *corpo vergonhoso*. Armazenada nesse corpo vergonhoso está a soma de todas as mensagens negativas que recebemos daqueles à nossa volta. E, fossem essas mensagens intencionais ou inconscientes, elas produziram os mesmos resultados. Dentro desse corpo vergonhoso existem milhares de minúsculas feridas e todas elas têm vozes audíveis que avisam para que "tenhamos cuidado" ou para que "sejamos cuidadosos", pois a qualquer momento esses juízes gigantes – as grandes criaturas que chamamos de adultos, pais, professores e sacerdotes – investirão contra nós com as suas espadas, também conhecidas como "reprovações". Ou talvez pais ou cuidadores, intencionalmente ou não, tenham esfacelado a nossa dádiva mais preciosa, a única que conhecíamos – a expressão livre e autêntica de nós mesmos. Eles nos ridicularizaram por rirmos alto demais, por brincar demais, por não querermos comer todos os vegetais do nosso prato. Eles caçoaram de nós quando estávamos carentes ou assustados. Apontaram o dedo para nós quando fizemos alguma coisa estúpida e gritaram conosco quando íamos tocar algo que era deles. Repreenderam-nos zangados ou nos puxaram pelo braço quando nos atrasávamos. Eles se vingaram de nós quando estávamos felizes e quando estávamos tristes, quando perguntávamos demais ou quando nos trancávamos no nosso quarto porque éramos considerados desagradáveis ou egoístas.

Como não conseguíamos mais nos amar como antes – temerosos de que o nosso eu verdadeiro fosse realmente detestável, deficiente, imprestável e inaceitável –, inconscientemente chegamos à conclusão devastadora de que éramos ruins e não merecíamos amor, atenção, respeito e sucesso. Todos esses pensamentos e medos nos levaram a cultivar crenças negativas que são a nossa fonte mais profunda de vergonha: *a pessoa que sou não presta para nada. Eu sou ruim.*

Para a maioria de nós, a voz que dizia "Você é ruim" estava em todo lugar enquanto crescíamos — às vezes era sutil, outras vezes nem tanto; às vezes era estridente, outras vezes um leve sussurro. Mas não importa qual fosse o tom, essas mensagens de vergonha tinham, todas elas, o mesmo efeito tóxico e destruidor. Todas elas nos instilavam medo, dando origem ao nosso corpo vergonhoso – um estado inconsciente de ser, uma cápsula invisível que nos cerca e nos deixa impregnados com todas as mensagens negativas que não conseguimos compreender ou eram dolorosas demais para enfrentarmos. Essas mensagens cheias de vergonha, enviadas silenciosamente ou em voz alta, fizeram com que interiorizássemos – incorporássemos – uma versão da mensagem "Há algo errado comigo. Eu não sou uma boa garota ou um bom menino... Vou me meter em confusão; mereço ser castigado(a). Mereço não ter... Mereço porque sou ruim". Então, sem perceber, assumimos um compromisso: se outra pessoa não estivesse nos agredindo ou torturando emocionalmente, nós mesmos iríamos nos torturar com os próprios atos de autossabotagem, pois acreditávamos que as pessoas ruins merecem que coisas ruins aconteçam a elas. Acreditávamos que as pessoas ruins não merecem amor e felicidade. Pense nisto: se, lá no fundo, você tem um programa composto de mensagens tóxicas e autodepreciativas como essa, o que mais pode esperar atrair inconscientemente para a sua vida? E o mais assustador é que, pelo fato de ter sido treinada para enfocar o mundo exterior – relacionamentos seguros, dinheiro, sucesso, diversão, sexo ou a próxima refeição –, a maioria de nós não se dá conta de que essas mensagens estão vivas e atuantes dentro de nós, repetindo-se dia após dia nos bastidores da nossa mente subconsciente.

Você é ruim

Imagine isto por um momento. A mensagem "Você é ruim" lhe foi ensinada, refletida (isto é, você a viu sendo transmitida a outras pessoas à sua volta) e impressa em você dezenas de milhares de vezes antes dos seus 10 anos de idade. Mesmo que você tenha sido uma das poucas pessoas de sorte que ouviram constantemente o quanto eram formidáveis, ainda assim você ouviu essa mensagem nas ocasiões em que demonstrou o comportamento oposto ao recomendável. Se você é humano, é inevitável que tenha introjetado alguma versão dessas mensagens vergonhosas. As repreensões estavam em todo lugar. Muitas vezes lhe diziam sem malícia:

"Menina feia! Por que molhou a cama outra vez?"

"As boas meninas não falam desse jeito."

"Os bons meninos não mentem."

"As boas meninas não falam alto."

"Os bons meninos não interrompem os outros."

"As crianças devem ser vistas, não ouvidas."

"Só as boas meninas e os bons meninos conseguem coisas boas."

"Você é um menino mau! Vou tirar de você o seu ursinho agora mesmo se você não arrumar esta bagunça!"

"Não quero mais ouvir a sua vozinha chorona."

"Não seja um mariquinha."

"Não aguento mais você. Saia daqui!"

Muitas dessas mensagens foram transmitidas, é claro, com a intenção de nos ajudar a nos ajustar, a nos dar bem e a nos transformar em perfeitas damas e cavalheiros. No entanto, a mensagem "Você é ruim" foi transmitida em alto e bom tom.

Se eu passar alguns dias com você, poderia escrever uma enciclopédia inteira com todas as coisas ruins que lhe disseram ou lhe fizeram – e mostrar que essas emoções negativas ficaram impregnadas no seu subconsciente e estão determinando as suas escolhas e comportamentos. A maioria das pessoas que conheci na vida – com bons pais ou não – ouviu essas mensagens de um modo ou de outro, milhares e milhares de vezes. Quer tenha percebido ou não, você interiorizou esses pensamentos e sentimentos várias e várias vezes e, por causa disso, essas mensagens negativas e muitas vezes venenosas hoje vivem dentro de você.

Esse processo não aconteceu conscientemente. Não tomou lugar porque você ponderou os fatos, pensou nas opiniões e comportamentos daqueles à sua volta ou analisou o valor das mensagens que ouviu. Na realidade, a maioria do que ocorreu na sua vida e a moldou aconteceu numa época em que você ainda não tinha acesso às suas faculdades de raciocínio intelectual – aconteceu antes que você pudesse até mesmo julgar conscientemente aqueles que estavam transmitindo essas mensagens. Ainda assim, você inconscientemente assimilou o significado das suas palavras, tomou decisões com base nas suas atitudes e deixou que interpretações negativas penetrassem profundamente na sua psique (o seu software humano). Você participou da criação do seu corpo vergonhoso mesmo sem saber disso.

A vergonha tóxica está na raiz do motivo que o leva a realizar coisas ruins e faz com que coisas ruins lhe aconteçam. Ela começa quando interiorizamos, sem perceber, a culpa por não sermos bons o suficiente. Interiorizamos essa vergonha sem nos dar conta do quanto é suscetível a nossa jovem e preciosa psique. Mesmo que tivéssemos os melhores pais do mundo, toda vez que demonstrássemos os nossos comportamentos humanos menos atraentes, toda vez que deixássemos de atingir os padrões deles ou fizéssemos algo que não fosse considerado socialmente aceitável, a mensagem "Você é ruim" seria transmitida e incorporada.

Gestos privados de vergonha

Nenhum de nós escapa de sentir vergonha. Talvez ela comece na privacidade do seu quarto. Talvez você tenha tido uma irmã que se insinuava para você ou o convencia a brincar de médico, ou um pai que a visitava no meio da noite, com a intenção de tomar certas liberdades sexuais. Talvez fosse uma babá, um amigo da família ou uma mãe que dava abraços dúbios ou um tio que fazia carícias que passavam do limite. Talvez você tenha sido advertido de que estava se comportando de maneira sexual com alguém da família, embora no momento lhe parecesse natural beijar os seus primos no rosto. Talvez tenha sido você quem convenceu a sua irmãzinha a baixar a calcinha ou mostrar as partes íntimas aos seus amigos. Ou talvez, na ânsia de satisfazer um saudável desejo sexual, você tenha usado o cabo da escova de cabelo para simular uma penetração ou colocado o seu órgão genital em lugares inusitados. No final, a sua curiosidade e seu desejo sexual podem ter sido satisfeitos, mas a culpa pode ter estragado os poucos minutos de prazer e deixado uma marca indelével na sua memória, na sua psique e na sua autoimagem.

Comportamentos sexuais vergonhosos e repletos de culpa acontecem todos os dias em todas as famílias, classes sociais, culturas e níveis econômicos. Eles geralmente acontecem sem que os envolvidos tenham pensado sequer uma vez nas consequências das suas ações. Geralmente existe um algoz e uma vítima. Uma pessoa pode ser assombrada por uma atitude durante anos, enquanto outra tenta ignorá-la não lhe dando importância. Mas, percebendo isto ou não, se você tiver uma consciência, guardará essa atitude vergonhosa no subconsciente e muito provavelmente a utilizará contra si mesmo no futuro.

Stacey J. foi criada num ambiente emocionalmente caótico, onde ela vivia em tempo integral com a mãe amorosa, mas alcoólatra, e seu padrasto suscetível a ataques de fúria, e passava os finais de semana com o pai normal e indiferente e a avó metodista. Quando tinha 8 anos, ela muitas vezes ouvia a mãe e o padrasto fazendo sexo e se sentia duplamente envergonhada: por ouvi-los e por se sentir excitada com os gemidos de prazer. Na sua psique despreparada, tudo isso era extremamente errado: você não pode ouvir ou ver os seus pais fazendo sexo e principalmente não pode ficar excitada com isso!

A sua vergonha era causada pelo fato de bisbilhotar e escavar os assuntos proibidos da *Playboy*, *Hustler* e outras revistas pornográficas, de encontrar fotos polaroides dos pais nus sendo acariciados por uma vizinha e por um beijo de língua que trocara com um "tio". Com incidentes cada vez mais frequentes de pensamentos, comportamentos e experiências sexualmente "ruins", essa garotinha bonita, quieta, agradável e pacífica do meio-oeste foi se consumindo pela culpa, até o dia em que teria de explodir.

Um desses momentos ocorreu numa nublada manhã de domingo, quando Stacey tinha 8 anos de idade. Ela tinha passado o final de semana na casa da avó e, por algum motivo, milagrosamente escapara de ir à igreja pela manhã. De repente – num raro momento de solidão em casa, longe dos olhos rigorosos dos adultos –, ela se sentiu intensamente excitada com a ideia de expor as nádegas nuas na janela da sala de estar da avó. Então nesse dia – domingo, o dia do Senhor –, num bairro movimentado por pais cortando a grama, mães cuidando do jardim e crianças brincando, Stacey sentiu o ímpeto impensado de baixar vagarosamente a calcinha e esfregar o traseiro contra a grande vidraça. Depois de alguns minutos, a perversa euforia transformou-se num dos momentos mais decisivos da sua infância: a avó, a irmã, o pai e sua namorada voltaram da igreja e estavam subindo na calçada bem em frente à janela. A primeira pessoa que viu seu traseiro nu foi, claro, a avó devota de Jesus.

O que aconteceu logo depois desse incidente (esconder-se atrás da porta, receber do pai uma surra de cinto nas nádegas nuas, passar o resto daquele doloroso dia trancada no quarto de hóspedes e ouvir toda a história ser contada à mãe, que poderia pensar num outro castigo) não foi nada comparado à profunda vergonha em que ela mergulhou. Desse dia em diante, a crença de que ela era anormal, fora dos padrões, pervertida e irreparavelmente defeituosa tornou-se uma parte integral da história de quem ela era. Quando tinha 8 anos de idade, a vergonha sexual de Stacey se tornou o ponto principal que acabou por moldar-lhe a vida.

Após passar a adolescência sendo abusada sexualmente por um membro da família e uma juventude que incluiu inúmeros parceiros sexuais (normalmente enquanto estava sob a influência do álcool ou de drogas) e três abortos, ela se tornou uma mulher obesa, vitimada por uma solidão crônica e ávida por voltar ao seu eu sexual – todas as condições com relação às quais ela sente uma profunda vergonha.

Exibições públicas de vergonha

Vemos evidências de vergonha em todo canto à nossa volta. Os exemplos destacam-se nas capas de revista e nas telas da TV. Nas 24 horas de noticiários e jornais, atos públicos de vergonha se tornaram lugar-comum.

Não precisamos ir além da TV, dos rádios do carro ou da fila do supermercado para ver a vergonha em exposição – para testemunhar o espetáculo distorcido de nós mesmos, um exagero jocoso de como é levar um tombo ou ser humilhado em público. Os programas de namoro na TV, os reality shows (especialmente aqueles baseados numa competição e numa votação eliminatória), os programas popularescos, os programas de rádio com comentários ofensivos e as revistas de fofoca, tudo isso nos abastece de histórias sensacionalistas que geralmente não têm nenhuma relevância para a vida diária. Mas elas de fato nos proporcionam uma válvula de escape inconsciente para o criticismo e os julgamentos devastadores que temos com relação à nossa humanidade. Com uma mistura sórdida de condescendência, desdém, zombaria e piedade, nós nos pegamos dizendo coisas como "O que ele estava pensando?! Moleque mimado! Bem feito para ela! Como ele pode ser tão estúpido!? Coitadinha, todo aquele dinheiro fez com que ela perdesse o contato com a realidade". Começamos a nos dizer "Claro, eu posso ter algumas deficiências, mas pelo menos não sou tão cafajeste assim!" Somos voyeurs que obtêm certo alívio da dor emocional quando assistimos aos tropeços daqueles que tiveram a "audácia" de se exibir em público e as desgraças dos que, de modo imprevisto, se tornaram o centro das atenções. E numa cultura consumista dirigida pela mídia e que dificilmente existiria sem vergonha e humilhação, o antigo lema da propaganda "Sexo vende" poderia ser facilmente substituído por "Vergonha vende". E não causa surpresa que a vergonha venda, pois todos nós fomos programados com ela e essas mensagens se tornaram parte do nosso software humano.

O vírus no seu software

O software humano roda no primeiro plano da nossa mente, determinando aonde podemos ir, com quem podemos ir e o que é possível para nós quando chegarmos lá. A maioria de nós nunca conhecerá a si mesma fora dos limites desse condicionamento automático. Nunca saberemos o que é possível além dos nossos sistemas de crença atuais, construídos com base na vergonha e no medo. Essas mensagens estão profundamente codificadas na nossa psique. Elas podem assumir formas diferentes, podem parecer um pouco diferentes para cada um de nós, mas estão ali. São parte do modo como somos socializados. Se essas mensagens não existissem, como saberíamos de que maneira nos comportar? Você está começando a compreender as implicações dessas mensagens que todos nós recebemos e nos induzem à autossabotagem? Vou repetir: somos todos profundamente feridos pelas técnicas de socialização da nossa sociedade. Somos inadvertidamente ensinados que, se não agirmos de determinadas maneiras, isso deve significar que somos ruins ou insuficientemente bons. Embora não estejamos conscientes desse programa interno nem possamos vê-lo, ele está arraigado e codificado nas mensagens que recebemos e está rodando nos bastidores, alimentando os nossos medos e inseguranças.

Somos concebidos para atrair o que está em sintonia com o que acreditamos ser verdadeiro a nosso respeito e para afastar o que não está; e somos mestres nisso. Toda crença tem uma ressonância especial, uma vibração – e, como diz o ditado, semelhante atrai semelhante. Quando somos jovens, acreditamos que o mundo inteiro está de portas abertas para nós e que podemos ser e fazer tudo o que quisermos. Se tropeçamos, normalmente conseguimos levantar outra vez. Somos direcionados pela ingenuidade da juventude e impulsionados a seguir em frente de modo intrépido pelas nossas mais profundas esperanças e desejos. O poder da juventude carrega tantas promessas e tamanho potencial que inconscientemente superamos as crenças subconscientes com as quais fomos programados. Ainda não fomos totalmente condicionados pela crença de que a vida pode nos trair ou que coisas ruins podem nos acontecer, impedindo-nos de chegar aonde queremos. Eu diria que ainda estamos construindo a nossa persona. Mas, à medida que esse poder é sobrepujado pelos anos de dores e decepções, ficamos sem os recursos de que dispúnhamos quando éramos jovens. A certa altura, paramos de viver dentro das possibilidades infinitas da juventude e ficamos cara a cara com a nossa programação interna – o nosso eu limitado, envergonhado de si mesmo, desconectado e muitas vezes propenso à autossabotagem. Deixamos para trás a inocência da juventude e entramos no estágio seguinte da nossa vida, no qual precisamos começar a aprender com o passado e examinar os nossos comportamentos, dissecar os nossos padrões para que possamos nos tornar seres humanos saudáveis, cheios de vida e plenamente atuantes.

A sua vergonha pode fazê-lo acreditar que você é ruim até os ossos, detestável, sem valor, estúpido, imprestável, tolo, cruel, desatencioso, fraco, incontrolável, mentiroso e muitas outras coisas. E então você é atraído de modo inconsciente justamente para as pessoas, circunstâncias e comportamentos que refletirão de volta para você as suas crenças adquiridas sobre si mesmo. Depois que tiver inadvertidamente participado da criação de circunstâncias externas que confirmam as suas crenças mais profundas, você sela um acordo para agir de modo a provar que de fato é uma pessoa ruim. Sem ter nem sequer ideia do que está fazendo, você comprova a mesma crença sobre si mesmo que lhe causou a sua maior vergonha e sofrimento.

Uma vez que estamos sempre atraindo aquilo com o qual estamos mais comprometidos, especialmente os compromissos ocultos da mente subconsciente, criamos e atraímos situações na vida que refletem para nós as nossas crenças internas, inclusive as prejudiciais e carregadas de culpa. Então, as circunstâncias externas – muitas vezes provocadas pelo nosso próprio comportamento – nos provam de várias maneiras que realmente não somos bons o suficiente, que somos meninos maus e meninas más, que não merecemos felicidade, saúde, alegria e abundância. Portanto, solidificamos e perpetuamos as próprias mentiras que nos contaram décadas atrás.

Como somos seres espirituais capazes de ver a nossa programação interior quando observamos o mundo exterior, inconscientemente criamos circunstâncias externas para exteriorizar a vergonha que sentimos; essa é a origem da autossabotagem e dos ciclos repetitivos e excruciantes de vitimismo e autodestruição. Se quisermos compreender por que as pessoas boas fazem coisas ruins e por que nos tornamos os nossos piores inimigos, precisamos estar dispostos a reconhecer os efeitos devastadores da nossa programação interna.

Essa programação atua como um insidioso vírus de computador, que pode destruir todo o bem da nossa vida. E enquanto essas mensagens estiverem rodando silenciosamente em segundo plano, como um vírus na nossa mente subconsciente, continuaremos enviando para o mundo externo a baixa ressonância dessa mensagem corrompida. Continuaremos criando ou atraindo para nós, sem saber, a expressão exterior das nossas crenças interiores. Muito embora elas possam estar profundamente escondidas, disfarçadas e reprimidas, a ponto de nossa mente consciente estar alheia à sua existência, essas crenças transmitem uma força poderosa que nos leva a agir de maneiras que atraem para a nossa vida situações que parecem justificar a vergonha profundamente arraigada. O mecanismo da nossa humanidade atua como um projetor. Quando acredito que sou um fracasso, crio e atraio experiências em perfeita sintonia com essa crença. Então um dia acordo dentro dessa realidade e fico chocado ao me deparar com o que está acontecendo em minha vida. É simples assim. Inerente à nossa programação está a capacidade única de vivenciar o que a mente acredita ser verdade.

Nossos sentimentos de vergonha são a fonte de todas as formas de autossabotagem e autopunição. Fazemos coisas ruins e nos tornamos os nossos piores inimigos porque nos sentimos mal com relação a nós mesmos, porque não nos sentimos dignos do sucesso, do estrelato, do prazer ou do amor que temos ou que desejamos. O medo do desmerecimento, de que não pertenceremos mais ao clube se tivermos muito ou, o contrário – que não seremos amados se tivermos muito pouco – leva-nos a sabotar o nosso sucesso. Não importa qual dessas duas coisas o envergonha mais; trata-se dos dois lados da mesma moeda. Sentindo-nos sem valor e indignos do bem que existe em nossa vida, fazemos algo – consciente ou inconscientemente – para nos castigar. Isso faz parte da experiência humana.

Por trás da fachada que mostramos ao mundo, queiramos admitir ou não, todos sabemos que não somos perfeitos. Sabemos o que fazemos a portas fechadas, e sabemos o que fizemos no passado para os outros e para nós mesmos. Conhecemos a malignidade dos nossos julgamentos e a severidade dos nossos preconceitos. Sabemos que por trás do que mostramos, não somos tão bons assim, por isso temos que lançar mão de uma sabotagenzinha para lembrar, a nós e aos outros, que somos simplesmente mais um ser humano cheio de falhas. Quando nos lembram de que somos menos afortunados, menos atraentes, menos educados, menos talentosos ou menos desejáveis do que aqueles à nossa volta, punimos a nós mesmos. E do mesmo modo, ao sermos sempre confrontados com o fato de termos mais inteligência, beleza, criatividade, dinheiro, sorte ou talento que aqueles à nossa volta e ao não saber como processar isso, nossa culpa nos leva a fazer algo que nos rebaixará.

Por quê? Porque vivemos envergonhados, não apenas das partes de nós que são ruins, mas também das boas. Mas que loucura é essa? O que há de absolutamente insano em ser um ser humano? Aqui estamos nós, mortos de medo de ser ruins e, ao mesmo tempo, mortos de medo de sermos bons demais. Aqui estamos nós, envergonhados do que somos e envergonhados do que não somos. Mesmo que sejamos capazes de conquistar uma certa dose de sucesso, amor, dinheiro, adoração e respeito, se não curarmos nossa vergonha, se não fizermos as pazes com o passado, e descobrirmos o nosso valor inerente, inevitavelmente criaremos alguma circunstância para nos punir.

Depois que você entender isso, pode começar a desativar essa programação e não terá mais que se culpar. Para se curar, você tem que ser capaz de distinguir essa programação e reconhecer a sua existência. Ela só pode prejudicá-lo se você não receber atenção e for abandonado nos recessos da sua mente subconsciente.

5

OS EFEITOS COLATERAIS DO MEDO

A vergonha que sentimos de algum aspecto do nosso caráter ou comportamento faz com que criemos uma cortina de fumaça para esconder do mundo exterior essa profunda vergonha que nos atormenta. Quando percebemos que não seremos amados ou aprovados se dermos vazão à nossa expressão autêntica, começamos uma dolorosa jornada para encobri-la.

Todos nós cultivamos alguma forma de medo primitivo. Nós nos vemos como se estivéssemos do lado de fora, loucos para fazer parte, mas com medo de não sermos bons o suficiente para pertencer à matilha. Temermos ser rotulados de ovelhas negras, excluídos, e temos uma necessidade desesperada de sermos queridos, respeitados e, acima de tudo, de fazermos parte. Queremos ser escolhidos para fazer parte do time, convidados para ir ao baile e votados como a pessoa mais popular. Queremos ser o filhinho querido da mamãe e a garotinha linda do papai. Não queremos que os outros saibam que o nosso pai está desempregado, o nosso irmão está na prisão ou que a nossa mãe é alcoólatra. Não queremos ser os únicos judeus numa sala de aula cheia de cristãos, os únicos mestiços num bairro de brancos ou os únicos homossexuais num mundo que, na nossa cabeça, é composto apenas por heterossexuais. Queremos fazer parte. Queremos ser escolhidos. Queremos nos encaixar e ser queridos. Queremos ser amados e aceitos e, quando isso não acontece, nos sentimos profundamente envergonhados e temerosos.

O medo de não sermos amados e aceitos se mostrarmos o nosso eu verdadeiro é resultado da profunda vergonha que sentimos. E essa vergonha se origina da crença de que o nosso eu autêntico é inerente e irremediavelmente falho. O medo é um dos principais componentes de todos os nossos comportamentos considerados ruins ou depravados, e se manifesta de inúmeras maneiras – medo de não ser querido, de não ser visto ou de não ser especial. Ele se mostra como um medo do fracasso, de sair do controle, de não receber cuidados, de ser ferido ou abandonado, de se expor, de não se entrosar, de ser humilhado, de ser traído, de estar errado ou de que tirem algo que nos pertence. O medo faz com que nos isolemos e briguemos pelo que achamos que precisamos, mesmo que essa atitude signifique o nosso próprio fim. É esse medo primitivo que desencadeia os nossos pensamentos mais destrutivos e evoca as nossas emoções mais tóxicas: mágoa, desesperança, tristeza, raiva, ciúme e ódio.

Nossos padrões de negação, repressão e rejeição estão todos enraizados no medo. Tememos que, se admitirmos as nossas falhas ou deficiências, seremos rotulados e depois punidos pelos nossos colegas e entes queridos. Nossas inseguranças arraigadas surgem quando descobrimos os nossos impulsos mais sombrios e nos recusamos a reconhecer certos aspectos do nosso ser. Temendo que a voz da nossa vergonha esteja dizendo a verdade, continuamos a esconder as fraquezas e vulnerabilidades, crentes de que, expondo-as e admitindo-as, nós lhes daremos o poder de nos ferir. Dominados pelo medo abjeto de sermos descobertos, privamo-nos do direito inato de nos sentir bem com nós mesmos, de dizer o que pensamos, de pedir ajuda, de assumir riscos e de expressar abertamente nossos desejos mais profundos.

Sem medo não haveria vergonha, nem ego ferido nem falso eu – pois o falso eu é criado pelo medo. É o medo que nos diz para reprimirmos os impulsos humanos, como os desejos sexuais, o ciúme, o egoísmo e a nossa natureza egocêntrica básica. É a voz do medo que nos adverte que, se expressarmos o nosso eu autêntico, seremos excluídos, rejeitados e abandonados. Nós transformamos o próprio medo que nos separou do nosso eu mais verdadeiro (tanto do seu lado mais iluminado quanto do mais sombrio) e o escondeu de nós mesmos usando-o como uma arma para nos manter pequenos e assustados. Voltamos as costas para as assim chamadas imperfeições e vulnerabilidades porque tememos que elas sejam ruins, pecaminosas ou inaceitáveis. Toda vez que nos dissociamos de um aspecto do nosso ser, fazemos isso em decorrência do medo. Tememos ser ridicularizados por uma de nossas várias imperfeições; tememos que alguém descubra nossas perversões, inadequações e máculas e nos humilhe. Por isso decidimos escondê-las. E, com grande desdém, começamos o processo de negar a totalidade da nossa condição humana. Fazemos isso dissociando-nos desses aspectos indesejáveis, escondendo-os e fingindo que não somos aquilo que os outros – e nós mesmos – achamos inadequado ou inaceitável. Começamos a compreender que, se queremos ser aceitos e ajustados, temos de descobrir um jeito de disfarçar esses aspectos. Mas, por baixo dessa cortina de fumaça criada pelo medo, as nossas emoções humanas básicas, quando privadas do direito de se expressar, começam a apodrecer e a se tornar tóxicas.

Emoções tóxicas

Os efeitos colaterais do medo, no nosso mundo, são universais, extremos e, no entanto, normalmente minimizados. Neste exato momento, em praticamente qualquer recanto da cidade ou beco suburbano, podemos encontrar alguém cujos pensamentos baseados no medo o levaram a agir de modos inadequados e a sabotar algum aspecto da sua vida. Todo ato de autossabotagem é precipitado por uma combinação volátil de medo e uma ou mais emoções reprimidas que não podiam mais ser escondidas ou controladas. O medo é o ingrediente ativo que arma as nossas emoções antes saudáveis com um poder explosivo que acaba inevitavelmente levando à autodestruição.

Quando o medo investe cegamente na nossa psique, ele muda tudo. Inflama as nossas emoções, conferindo-lhes uma intensidade que, se abandonada à própria sorte, tem o poder de causar uma devastação na vida que tanto nos esforçamos para criar. Quando nossas emoções são imbuídas dos medos primitivos – medo da perda, medo do fracasso, medo da dor emocional, medo da solidão, medo da rejeição, medo de não ter nossas necessidades satisfeitas, medo do abandono, medo de não ser mais amado, medo da humilhação pública, medo de que nossos entes queridos sejam feridos ou medo pela nossa sobrevivência básica –, elas se tornam suficientemente poderosas para nos derrubar.

É importantíssimo entender que as nossas emoções só se tornam problemáticas quando não encontram modos saudáveis para se expressar ou serem digeridas. Quando conquistam o direito de existir, elas surgem e desaparecem, vêm à superfície e se dissipam naturalmente. Se quisermos testemunhar a expressão saudável das emoções, tudo o que precisamos fazer é observar um bebê. A menos que tenham nascido em circunstâncias extremas, a maioria dos bebês expressa toda a gama de emoções humanas num curto espaço de tempo. Num momento o bebê está calmo, no seguinte está gritando por atenção; num momento está triste e aos prantos e no outro voltou à mais perfeita tranquilidade. Em menos de um minuto, um ser humano saudável pode passar pelo espectro completo das emoções humanas básicas. Raiva, tristeza, mágoa, medo e outras emoções que mais tarde vamos rotular como negativas são, na verdade, maneiras essenciais de comunicação. Elas são sentimentos em movimento, ondas de energia em busca de expressão. Quando somos bebês ou crianças pequenas, nossas emoções nos permitem "dizer" o que não temos palavras para expressar. Ao nos tornarmos adultos, nossas emoções ficam encapsuladas dentro de nós quando não têm permissão para se expressar livremente – sejam elas subconscientemente reprimidas ou conscientemente encobertas. Buscando expressão a qualquer custo, elas nos fazem agir de maneiras autodestrutivas.

Nossas emoções nos servem como guia para nos dizer o que é bom e o que é ruim para nós. Elas fazem parte do nosso sistema de avaliação, um intercâmbio contínuo de "chamado e resposta". Nossas emoções – inclusive aquelas mais autodestrutivas – estão sempre nos levando de volta para o ponto em que nos consideramos errados ou afastados do nosso eu integral. Elas nos servem de alerta quando algo está violando a nossa natureza saudável ou não está certo. Quando deixamos de ouvir a sabedoria dos próprios sentimentos ou não estamos dispostos a lhes dar vazão, as emoções se acumulam e se tornam perigosas. A repressão de algo que um dia foi uma emoção saudável faz com que ela se torne tóxica. Como lava incandescente, as emoções tóxicas nos subterrâneos da nossa percepção consciente, se não forem reconhecidas, causam uma erupção, levando-nos a agir de maneira destrutiva. As emoções reprimidas nublam os nossos processos de raciocínio e prejudicam a capacidade de julgamento, dando início a um círculo vicioso: pensamentos tóxicos determinam as emoções, emoções tóxicas abastecem os pensamentos outra vez e logo somos aprisionados num padrão circular destrutivo que ganha impulso e acaba por buscar uma válvula de escape.

Por trás de todo ato destrutivo encontraremos um acúmulo tóxico de uma ou mais emoções não expressas. Se formos suficientemente corajosos para identificar as emoções que incentivam o mau comportamento incontrolável, podemos chegar à raiz do problema e começar a desarmar as bombas que encontramos diante de nós. Só aceitando as emoções podemos desarmá-las; enquanto as reprimirmos, ficamos à mercê delas.

Emoção tóxica nº 1: Mágoa

Se não for expressa, não receber cuidados e não for curada, a mágoa pode se tornar uma emoção tóxica que explica por que as pessoas boas fazem coisas ruins. A mágoa é uma das fontes mais subestimadas de autossabotagem na nossa vida interior. Quando somos sinceros com nós mesmos, a maioria de nós consegue se lembrar de quando e como fomos magoados. Tudo o que temos que fazer é voltar aos momentos da nossa vida que não gostaríamos de ter vivido e recapitular algumas das experiências dolorosas e indesejadas por que passamos. Fomos magoados por coisas que foram ou não foram ditas, por coisas que nos foram feitas e não nos foram feitas. Sem que soubéssemos, esses momentos perniciosos nos moldaram e definiram quem somos.

Vejo isso de tempos em tempos quando oriento pessoas ao longo de processos profundos de liberação emocional. Não importa se a pessoa é o presidente de uma empresa, um líder espiritual, um atleta profissional, uma mãe que não trabalha fora ou um auxiliar de escritório; quando nos libertamos das camadas de crenças, atitudes, emoções, hábitos e comportamentos mais prejudiciais, descobrimos ter no coração uma ferida que nunca foi totalmente reconhecida, cuidada, integrada e curada. Olhe por trás dessas camadas de vergonha, medo, desesperança, tristeza, culpa, ciúme, raiva, ódio e outras emoções devastadoras que destroem vidas, e você sempre encontrará uma mágoa (ou sucessão de mágoas) responsável por uma ferida que foi encoberta sem jamais receber o devido cuidado.

Quando somos magoados, muitas vezes tentamos magoar os outros, estejamos conscientes disso ou não. Se fomos agredidos, criticados ou rejeitados, intencionalmente ou não buscamos maneiras de infligir essa mesma dor aos outros, como se pudéssemos aliviar um pouco da nossa dor causando dor em outra pessoa. Na grande maioria dos casos, aqueles que abusam sexualmente de crianças – seja molestando-as, usando-as como modelos para fotos pornográficas ou consumindo pornografia infantil – foram crianças que sofreram abusos e agora estão perpetuando esse abuso na tentativa de minorar a própria dor.

A maioria de nós aprendeu a aplicar inúmeros curativos nas mágoas, desviando a atenção para outras coisas que, esperávamos, poderiam nos distrair momentaneamente da nossa dor. Relacionamentos, filhos, amigos, carreira, aquisição de bens, viagens e listas de afazeres podem nos distrair por algum tempo, mas as mágoas que sofremos nem sempre se curam com a passagem do tempo. Muitas vezes elas guardam grandes lições a serem aprendidas e, até que as revisitemos e extraiamos delas a sabedoria que encerram, continuaremos a ser manipulados por uma ferida do passado e levados a agir de maneiras que nem sequer fazem sentido para nós. Embora enterradas nos recessos do subconsciente, as nossas mágoas não processadas estão muito vivas e, como um rastreador, vão buscar paliativos na forma de comportamentos indulgentes que, na crença do nosso subconsciente, nos farão sentir melhor. A mágoa não resolvida está na raiz de todos os comportamentos viciantes e compulsivos. E quando acrescida do nosso medo de confrontar as situações que nos teriam ferido no início, ela nos leva a nos infligir novamente a mesma dor praticando atos prejudiciais a nós mesmos e às outras pessoas.

O medo se vincula à mágoa de maneira tão difusa, tão insidiosa que a maioria de nós nem sequer reconhece esse vínculo. O medo nos prepara para *esperar* mais dor, cria a expectativa de que seremos magoados outra vez, e nos despoja de confiança, vulnerabilidade e intimidade. A mágoa, quando intensificada pelo medo de que seremos magoados novamente no futuro, gera incontáveis expectativas negativas – expectativas que levam à autossabotagem e à decepção. A mágoa não reconhecida cria um caminho circular que leva tanto ao vitimismo quanto a uma futura vitimização.

Emoção tóxica nº 2: Desesperança

O medo se liga à resignação para criar um estado de desesperança em que não acreditamos mais ser capazes de criar uma vida cheia de sentido e sucesso, ou de nos libertar de toda confusão que criamos. A desesperança nos priva da autoconfiança e nos cega para as possibilidades e oportunidades que estão bem na nossa frente. Sem a esperança, ficamos apenas com a perspectiva dolorosamente limitada do nosso ego ferido. A desesperança nos leva a cometer atos insanos de autodestruição, pois sem esperança não levamos em conta as consequências das nossas escolhas nem nos importamos com elas. As pessoas desesperadas pegam armas e atiram nas outras ou se deixam levar por um sem-número de impulsos sombrios, procurando um paliativo por meio do qual possam se reconectar e sentir esperança outra vez. Os crimes e a violência fortuita perpetrados por viciados, traficantes e membros de gangues são, todos eles, causados pela desesperança. A desesperança é perigosa porque nos leva a não dar a mínima para a dor que os nossos atos possam causar. Em suas garras, somos levados a ferir os outros e a nós mesmos numa tentativa de encontrar uma tábua salva-vidas – algo que nos impeça momentaneamente de nos afogar nas nossas mágoas.

Se pararmos para examinar a nossa vida, muitas vezes conseguimos ver onde e quando desistimos de nós mesmos – onde e quando decidimos que não éramos bons, valorosos e capazes de ter uma vida feliz e bem-sucedida. Podemos ver onde começamos a desistir dos nossos sonhos e esperanças: quer fosse desistir de ter um relacionamento amoroso, de sermos membros respeitados e participantes da sociedade, de conquistar estabilidade financeira, de ter a carreira com que sempre sonhamos ou de atingir um objetivo importante. Se a nossa desesperança for ignorada, continuaremos arriscando-nos a vender a alma, a integridade e a dignidade.

Emoção tóxica nº 3: Tristeza

A tristeza saudável é uma emoção necessária. Ela dá ao nosso coração uma maneira de lamentar, aceitar e, por fim, superar as decepções da vida. Num nível profundo, a tristeza e a dor se mesclam, permitindo que pranteemos a perda daquilo que amamos. Mas quando somos fustigados pela dor de uma perda que não conseguimos entender ou que nos recusamos a aceitar, a tristeza pode nublar a visão das coisas e fazer com que nos fechemos. O entorpecimento causado pela tristeza inibe a capacidade de dar e receber amor, reconhecer as nossas bênçãos e aproveitar a vida.

Quando intensificada pelo medo de nunca mais sermos felizes ou estarmos inteiros novamente, a tristeza pode se tornar um abismo de autopiedade. O medo transforma a natureza purificadora da dor genuína num foco míope e autoindulgente sobre as nossas próprias falhas e perdas, que nos leva à autofixação. A tristeza destrói o nosso bem-estar emocional quando resvala numa espiral para a depressão e o abatimento.

As pessoas tristes acreditam que são ruins e geralmente se culpam pela dor que sentem e, embora seja pouco provável que essa emoção nos faça magoar outras pessoas, ela por certo faz com que magoemos a nós mesmos. A tristeza tóxica não processada nos leva a cometer crimes horríveis contra nós mesmos – o pior deles é o suicídio. As pessoas tristes bebem muito, comem muito, jogam ou gastam muito ou se entregam a uma série de outros vícios para mascarar a dor. Estatísticas recentes mostram que, só nos Estados Unidos, mais de 18 milhões de pessoas tomam antidepressivos na tentativa de sair do buraco negro que representa um coração entristecido. Inúmeras outras encontram maneiras alternativas de se medicar. Com muita frequência, porém, essas medicações nada mais são do que um paliativo para a tristeza que existe dentro de nós. Em vez de proporcionarem válvulas de escape saudáveis para as nossas emoções, esses medicamentos apenas permitem que a tristeza passe despercebida até que algum incidente autodestrutivo desencadeie sua liberação. Quando nos recusamos a deixar que a tristeza se expresse, ela drena a nossa vitalidade, a nossa energia e, às vezes, a nossa vida.

Emoção tóxica nº 4: Raiva

A maioria de nós nega a dose de raiva não expressa ou não digerida que carregamos conosco na vida diária. Embora possamos não sair por aí gritando obscenidades para os nossos filhos nem dando murros nas paredes, a raiva tem uma variedade impressionante de máscaras – desde a hostilidade mais explícita, num extremo, até a mais leve impaciência, no outro.

A raiva saudável nos dá acesso ao nosso poder como adultos livres e autônomos. Ela nos permite erigir barreiras que nos protegem e protegem os outros. A raiva pode nos impulsionar para a ação quando é hora de defendermos os nossos pontos de vista e nos fazer ouvir. Trata-se de uma resposta natural e saudável quando somos feridos, explorados, passados para trás, traídos ou enganados. Mas quando a raiva não é digerida ou processada, ela se acumula e é extravasada das maneiras mais destrutivas. É a voz que grita, "Eu faço o que quero quando quero!" A raiva tóxica, reprimida, é o gatilho que nos leva a agredir o nosso parceiro, a quebrar objetos num ataque de fúria, a ser inconsequentes no volante e a maltratar quem amamos.

Quando estamos com medo, a raiva é uma resposta natural – um mecanismo de defesa, como um tigre mostrando as garras. Mas, quando ela é intensificada por um medo desproporcional e vinculada à vergonha, a raiva saudável se transforma numa arma de destruição em vez de ser uma fonte de poder e proteção. O medo é o ingrediente ativo que torna a nossa raiva explosiva. O medo de que não tenhamos as necessidades satisfeitas, de que tirem vantagem de nós, de sermos traídos ou humilhados nos dá um alvo para a raiva refreada.

Nas suas formas mais amenas, a raiva pode se manifestar como procrastinação, sarcasmo, zombaria, fofoca, crítica àqueles à nossa volta ou mau humor. Na sua forma mais perigosa, ela pode causar ressentimentos que se transformam em rancor, irritação que se transforma em fúria e agressividade passiva (como se isso já não fosse suficientemente ruim) em atos de violência pública. Em sua pior versão, a raiva não processada nos destroi e aniquila a todos com a sua dor.

Emoção tóxica nº 5: Ciúme ou inveja

A inveja e o ciúme são projeções exteriores das nossas inseguranças interiores. Frutos do sentimento de que não somos queridos, merecedores de amor nem especiais ou do medo de estarmos prestes a perder algo que reivindicamos como nosso, o ciúme e a inveja são um fogo interior cujas labaredas podem se inflamar rapidamente, levando-nos a partir para o ataque de maneiras cruéis e vingativas, incitando-nos a uma insanidade temporária e levando pessoas boas a fazer toda sorte de coisas ruins. Em seu ensaio "On Life and Sex", o psicólogo britânico Havelock Ellis afirma, "O ciúme é o dragão que mata o amor sob o pretexto de mantê-lo vivo". Num instante, o ciúme pode destruir a vida de todos que estão no seu caminho.

O medo de que nunca teremos o talento, a afeição, o amor ou os bens materiais que desejamos traz à tona a inveja, uma emoção às vezes muito bem escondida. Sentimos inveja quando achamos que outra pessoa tem o que deveríamos ter. Sentimos inveja quando acreditamos que nunca teremos ou conquistaremos o que desejamos na vida. Sentimos inveja quando julgamos o nosso próprio eu insuficiente e almejamos ser mais do que somos. Sentimos inveja quando aqueles à nossa volta parecem ter talentos, dons ou oportunidades maiores do que os nossos. O sentimento de que somos menos do que aqueles à nossa volta é o calcanhar de aquiles da pessoa invejosa. Depois de levar a pior várias e várias vezes e de nos sentir extremamente injustiçados, podemos não conseguir mais reprimir a inveja e partimos para a vingança. Esse coquetel amargo de inveja, inadequação e raiva pode parecer indiferença, mesquinhez, criticismo ou torpeza.

O ciúme leva pessoas boas a fazerem coisas horríveis: pais agridem a mãe dos seus filhos e vice-versa. Amantes traídos destroem propriedades ou armam ciladas para aqueles que não retribuem a sua afeição. Rixas de família que poderiam ser facilmente superadas perduram por anos. Ex-funcionários invejosos criam vírus de computador ou processam o patrão por frivolidades apenas para prejudicar e destruir a vida daqueles que eles acreditam ter o que eles não têm.

A inveja também é descrita como "a úlcera da alma". Trata-se de uma emoção que corrompe e debilita, destruindo a autoestima e transferindo os sentimentos de inadequação para o rosto de suas vítimas. Cada um de nós que já foi alvo da inveja ou do ciúme de alguém sabe o potencial dessas emoções para nos transformar rapidamente no pior inimigo de nós mesmos.

Emoção tóxica nº 6: Ódio

Não importa a roupagem que dermos a ele, o ódio é reconhecido pela sua intensidade. Seja ele expresso como crueldade, vingança, intolerância, racismo ou hostilidade, o ódio é uma bebida amarga composta de raiva, medo e rejeição. Surgido geralmente de um passado marcado por algum tipo de abuso ou negligência, o ódio torna-se uma maneira de projetarmos nos outros os sentimentos horríveis que não conseguimos digerir.

Uma emoção de extremos, o ódio é completamente regido pelo medo. Um medo intenso e incontrolável o motiva e amplia a sua destrutibilidade, transformando a fofoca em difamação, a indiferença em negligência, o insulto em degradação, a antipatia em repulsa, a raiva em ódio, a intimidação em violência e a malevolência em crueldade.

O ódio visa eliminar ou destruir aquele que odiamos. Quando projetado externamente, ele busca instilar o medo na pessoa odiada – mesmo quando essa pessoa somos nós mesmos. O ódio por si próprio perpetua o ciclo vicioso: tentamos abafar a dor com vícios de todos os tipos – vício em dramas, em drogas, em álcool, em comida, em compras, em brigas e em sofrimento, para citar alguns. Quanto mais afundamos no vício mais odiamos a nós mesmos e a todos que culpamos pela nossa condição.

O preço de nos odiarmos e de odiarmos os outros é altíssimo e traz amplas consequências. O ódio é o culpado pela guerra, pelos crimes religiosos, pela intolerância, pelo preconceito contra os homossexuais, pelo vandalismo e pelo trabalho escravo. No nível pessoal, o ódio rouba de nós o autorrespeito, a dignidade, a força, o poder e a única coisa que todos buscamos: o amor.

A devastação causada pelas emoções tóxicas

Como vimos, as emoções humanas naturais e normais – quando intensificadas pelo medo e sufocadas pela repressão – tornam-se uma mistura explosiva que pode ir pelos ares a qualquer momento e destruir a nossa vida. Quando não nos permitimos sentir e depois expressar os sentimentos, nós nos tornamos vítimas das próprias emoções negadas e nos tornamos reféns do medo. Muitas vezes nem sequer percebemos o que está fervilhando abaixo da superfície até que o estrago já esteja feito. Eis aqui um exemplo disso.

Sam S. é um militar de 32 anos cujo histórico precoce de abusos e negligência lhe causou feridas profundas. Criado num lar onde "meninos não choram", Sam tentou manter as suas emoções sob controle tentando ser um homem rígido e extremamente estruturado. Ele planejou os seus dias, semanas e meses para garantir a si mesmo o futuro que planejava. Sabia que tipo de esposa queria para si desde muito jovem e, quando finalmente identificou a mulher perfeita – aquela que se encaixava nos seus planos muito bem elaborados – Sam procurou a família dela para planejar o casamento perfeito. Meses depois, exatamente como ele havia planejado, ela engravidou e juntos eles começaram a formar a família perfeita.

Sam e a sua bela esposa, Sarah, iam à igreja aos domingos e depois passavam algumas horas com a família. Na casa deles o jantar era sempre às 6h:45min, mesmo quando isso era inconveniente ou provocava um profundo caos. Tudo tinha que ser como Sam queria e precisava que fosse para que ele se sentisse no controle e tranquilo. Então um dia, quando Sarah já não conseguia tolerar seu comportamento controlador, sua raiva represada veio à tona e, sem pensar, ela começou a procurar maneiras de aliviar a própria dor. Não demorou muito até que Sarah começasse a ter um caso com o marido da vizinha. Meses depois, quando Sam voltou inesperadamente para casa por estar se sentindo mal, ele encontrou Sarah na cama com o amante, perdeu o controle e espancou-o até quase matá-lo. Evidentemente foi preso e acusado de tentativa de homicídio. Num instante a vida perfeitamente controlada de Sam foi destruída por um ato impensado, cujas consequências ele nunca considerou. Quando não conseguiu mais controlar o seu mundo exterior e o que sentia interiormente, todas as suas emoções reprimidas e doentias explodiram num momento de fúria. Esse menino amoroso e patriota chocou os amigos, a família e os colegas de trabalho. Ninguém sabia, ninguém suspeitara – outro bom menino que se tornou mau.

James A. era um dentista altamente respeitado e um membro ativo de várias organizações sem fins lucrativos. Ele cresceu num lar onde o pai repreendia constantemente a sua mãe, magoava-a, tratava-a de maneira desrespeitosa e a humilhava. James, por se sentir impotente para ajudar a mãe, começou a se torturar diariamente com sentimentos de culpa e remorso. Ele odiava não ser homem o suficiente para enfrentar o pai e proteger a mãe. A única maneira pela qual ele conseguia lidar com isso era se entorpecer interiormente. Ele procurou e acabou encontrando maneiras de reprimir as suas emoções profundas e sombrias. Depois de anos de repressão, o seu desespero despertou-lhe o fascínio pela pornografia e o desejo por meninas de 12 anos de idade. Na mesma semana em que foi eleito para a diretoria de uma proeminente instituição de caridade, a polícia ligou a sua casa com uma rede de pornografia infantil e revelou a perversão que ele tinha havia anos. A exposição de sua vida dupla fez com que sua família se dividisse, separando-o dos três filhos adolescentes e da esposa e de tudo o que tinha lutado tanto para construir. No caso de James, o seu alívio – e, por fim, a sua derrocada – aconteceu por meio da pornografia. As emoções tóxicas sempre encontram uma válvula de escape.

A vergonha exige que encubramos o nosso medo e usemos uma máscara para que ninguém descubra a verdade sobre nós. Mas de uma coisa podemos estar certos: se não encararmos o medo e as emoções tóxicas, um dia eles nos enfrentarão. Nesse dia a verdade que nunca quisemos ver ou que fosse vista será exposta aos olhos de todos.

6

O EGO CORROMPIDO

O ego, por si e em si mesmo, não é uma força malévola. Todos nós precisamos ter um ego para viver neste mundo. O lado do nosso ser comandado pela personalidade não é intrinsecamente ruim ou errado; ele tem um importante papel a desempenhar na nossa vida diária. Na realidade, sem um ego saudável acabaríamos num manicômio, pois não seríamos capazes de nos diferenciar das outras pessoas. Embora muitos acreditem que, para ser uma pessoa espiritualizada, precisamos nos livrar do ego ou abandoná-lo, quando compreendido e usado da maneira apropriada, o ego na verdade nos ajuda a conhecer os nossos talentos e desenvolver os nossos dons únicos. O nosso ego saudável nos ajuda a nos impor, a delimitar o nosso espaço e a nos conhecer como indivíduos. O ego é a força que faz com que nos identifiquemos com o corpo físico e a mente que são exclusivamente nossos. A sua função é proteger e guardar a entidade que é o nosso eu. Ele nos auxilia a distinguir o "eu" do "não eu". Por causa do nosso ego saudável, temos a sensação de que existimos como seres individuais.

Em seu estado mais saudável, o ego reverencia a vida, o que faz com que ele se considere o regente da nossa vida e das questões que a envolvem. Ele é responsável pela criação, manutenção e proteção do nosso senso de eu e garante que continuemos a viver e a prosperar. O nosso ego é o que nos confere o impulso profundo de assegurar a sobrevivência a todo custo. Precisamos de um ego saudável para mostrar ao mundo a nossa expressão singular. E o ego precisa da supervisão amorosa do nosso eu superior, a sua contraparte divina, para agir do modo esperado e nos apoiar na criação de uma vida plena e carregada de significado. Quando o ego se danifica, se rompe, se fere e se separa da sua contraparte divina, ele não pode mais ser utilizado adequadamente. Então, em vez de ser benéfico para a nossa experiência humana, ele se torna algo prejudicial, que precisa de constante supervisão. Quando o ego se corrompe e já não é capaz de se reconhecer pelo que é, ele se torna a principal força que nos leva à derrocada.

O nascimento do ego ferido

Ora, você pode estar se perguntando, "Como um ego saudável se torna ferido e se corrompe?" O ego ferido toma forma quando acontece algo que o faz se sentir menos do que é – quando algo o ameaça, o agride, o repreende, o ignora, o rejeita, o molesta ou o abandona. Existem dezenas de milhares de situações diferentes que simplesmente acabam se revelando dolorosas demais para o ego saudável digerir. Quando a dor se torna insuportável, o ego saudável começa a se afastar da inteligência do ser integral e se torna uma força com a qual precisamos acertar as contas – é aí que nasce o ego ferido.

O ego um dia saudável, ávido para se dissociar dos seus aspectos corrompidos ou feridos, começa a empurrar para as sombras essas partes de si, na tentativa de fazê-las desaparecer. Ele está certo de que, escondendo dentro de si as suas falhas e imperfeições, as suas inseguranças, os seus erros, a sua vergonha e as suas feridas, ninguém – nem ele próprio – descobrirá a verdade sombria e ele se manterá a salvo. É assim que o nosso eu integral, inteiro, aos poucos se fragmenta. Deixe-me dar um exemplo.

O seu ego saudável matricula você numa escola de administração de empresas, inflamado pelo desejo de se tornar um executivo de uma das melhores empresas do país, líder de mercado. O seu ego saudável leva você a se destacar nas aulas, a aprender a defender os seus pontos de vista, a se instruir nos métodos administrativos mais modernos e inovadores e a analisar os profissionais mais bem-sucedidos e que atingiram o topo da sua carreira. Quando você se forma, é contratado por uma excelente empresa e começa a sua escalada corporativa.

Então um dia você percebe que muitos outros também acalentam o sonho de chegar ao topo (o ego sempre percebe a competição) e fica preocupado. O seu ego saudável sente-se agora ameaçado com a constatação de que você pode não ter condições de ser bem-sucedido. Esse pensamento dispara a vergonha oculta de que você pode não ser tão esperto quanto as outras pessoas. De repente você percebe que não pode ficar de braços cruzados, esperando que a sua carreira deslanche naturalmente. Você precisa ir à luta, como dizem por aí. Começa a prestar mais atenção ao que tem visto ou ouvido sobre como chegar ao topo e faz escolhas diferentes das que planejara – escolhas ditadas pela vergonha e baseadas no medo. Talvez comece a se socializar com pessoas com quem não se sentia bem antes. Talvez descubra que, se distorcer um pouquinho a verdade, pode parecer mais eficiente aos olhos dos supervisores ou que, se "emprestar" as ideias de alguém, expondo-as como se fossem suas, pode ganhar uma promoção.

Embora você possa se sentir pouco à vontade com o que está fazendo, você racionaliza o seu comportamento, provavelmente de maneira inconsciente, e continua a percorrer o caminho do ego ferido em direção ao sucesso. Depois de alguns dias, meses ou anos de conflitos, causados pela voz da consciência que pode estar sussurrando, "Não faça isso" ou "Você tem certeza de que isso é correto?", você resolve não fazer caso dessa voz e ela de repente desaparece, para sempre enterrada. O ego ferido invadiu as fronteiras do ego saudável e reivindicou o seu território.

A invasão do ego ferido

Quando o ego doentio sente um certo perigo, ele automaticamente procura uma distração, e se esforça para proteger o seu território, que agora corresponde a todo o seu ser. Mesmo que ele comece sendo apenas uma parte do seu ser, devido à sua natureza enganadora e à sua incapacidade de distingui-la do seu eu autêntico, que abrange tanto o ego quanto a sua essência eterna, ele se torna o único "você" que você conhece.

Embora às vezes você possa ter um momento de extrema lucidez, no qual deseja fazer uma escolha melhor, sem perceber você compara essa sabedoria com a voz do seu ego ferido. E é muito mais provável que faça a pior escolha, pois o seu ego ferido já causou um estrago tão grande em você, interiormente, que a voz dele é a única que consegue ouvir. Ela grita:

Como posso ter certeza?

Não posso confiar em ninguém.

Não há ninguém que me apoie.

Este é um mundo cão.

Que se danem! Eu trabalhei duro para ter o que tenho. Ninguém me facilitou as coisas!

Neste mundo nada é de graça.

Só existem duas certezas na vida: a morte e os impostos.

Já fui muito prejudicado; não vou me arriscar mais.

Ninguém sabe o que sofri.

Ninguém liga para mim.

Não vai fazer diferença mesmo.

Tenho todo o direito de ter o eu quiser.

Mas que bando de larápios!

Sou muito melhor do que eles.

Veja até onde cheguei!

Isso não serve para mim.

Fizeram a cama, agora que se deitem.

São um bando de idiotas, eu não preciso ouvir o que dizem.

Estou conquistando o que mereço.

A voz do seu ego ferido, como uma fera acuada, ruge tão alto fora de hora que abafa a voz mais elevada da razão e força você a ignorar o seu eu superior. Ele tem que fechar a porta para a totalidade de quem você é e concentrar-se no que está errado ou no que está faltando. Quando o ego está ferido, ele se recusa a ver, ouvir ou perceber qualquer verdade que não seja a que ele mesmo declara. Esse é o seu principal mecanismo de defesa. Pois, para sobreviver, ele precisa estar certo no seu modo de se ver, de ver as outras pessoas e de ver o mundo em geral. Ele precisa, sem sombra de dúvida, procurar e criar realidades, circunstâncias e situações que confirmem as suas crenças sobre o mundo. A função do ego ferido é agora se proteger a todo custo e bloquear qualquer coisa que o faça sentir a vergonha e a dor profundas que originalmente criaram a sua ferida.

Quando o ego ferido assume o comando, ele se torna um fio desencapado, perigoso e fora de controle. Uma vez ferido, o ego perde a sua capacidade de distinguir fato de ficção, realidade de drama. Como um mecanismo de proteção, o ego ferido passa a se concentrar em si mesmo. Se ele está dirigindo o espetáculo, ou a sua vida inteira, é porque conseguiu mascarar a sua natureza superior, desconectá-lo de pelo menos metade de quem você é. O ego é um guerreiro magistral e tem muitos mecanismos para garantir a sua vitória. Ele trabalha diligentemente para proteger o seu território e para esconder os aspectos superiores do eu de modo que ele possa prevalecer. A principal defesa do ego doente – que acaba sendo a sua derrocada – é a arrogância. "Eu sou maior e melhor", ele diz. "As regras não se aplicam a mim. Posso fazer o que quero e ninguém vai me pegar." Em toda sua prepotência, ele grita, "Ninguém vai me dizer o que fazer!" Ou até pior: num leve sussurro, ele assegura, "Ninguém vai saber. Ninguém vai descobrir".

Essas são, todas elas, mensagens do ego doente e a voz da separação. O ego ferido realmente acredita que pode agir de acordo com as próprias leis e sair ileso. É isso o que ele faz – eis o nascimento da autossabotagem. Se as regras não se aplicam a mim, então posso e farei o que quiser e quando quiser. Enquanto a função do ego saudável é nos proporcionar uma identidade separada e única, o ego doente leva isso um passo adiante e tenta provar que somos únicos e especiais mesmo quando violamos a nossa integridade, desrespeitamos os limites das outras pessoas ou infringimos a lei.

Quando o ego ferido está no comando, o mundo exterior é visto apenas como algo que serve para preencher as suas necessidades e fazê-lo se sentir melhor. As outras pessoas são consideradas como curativos em potencial para as suas feridas, como problemas a serem resolvidos ou como obstáculos a tirar do caminho. O ego ferido, agindo separadamente do todo maior, é agora como um peixe fora d'água – ele salta incontrolavelmente, tentando encontrar o caminho de volta para a sua segurança. Perdido e sozinho em seu senso de separação debilitante, ele busca maneiras de dar sentido à sua vida. Mas, em vez de se ver como parte de um todo maior, ele só consegue ver o que não tem. É incapaz de ver a vida como um todo e só consegue enxergar a partir da perspectiva estreita do eu limitado – sozinho, pequeno e aparentemente abandonado. Na tentativa desesperada de recuperar o controle, ele toma para si o papel de liderança e se lança como a estrela do espetáculo. De repente, a parte mais desesperada, deficiente e ferida de nós assume o controle. A invasão maciça do ego ferido teve início.

A busca desesperada do ego por aprovação

A dor do nosso ego ferido nos leva a ser diferentes do que somos. Lutamos para ser maiores, mais fortes, mais valentes e mais seguros. Posicionamo-nos para mostrar que somos mais aptos, melhores ou diferentes do resto da humanidade. Vivemos como baratas tontas, lutando para criar uma persona que, segundo cremos, vai nos trazer mais amor, aprovação e o reconhecimento de que tanto precisamos. Agimos e nos comportamos, consciente ou inconscientemente, de maneiras que, aos nossos olhos, deixarão as outras pessoas com pensamentos, sentimentos e impressões que as farão nos encarar com mais respeito e aprovação.

Gostemos disto ou não, somos levados a nos comportar de modo a atender as nossas necessidades internas. Somos obrigados, pelo nosso ego ferido, a agir e representar para obter o "alimento" (isto é, a solução emocional) de que precisamos. O alimento do ego é amor, gratidão, reconhecimento, adulação, apreço, aprovação e respeito – qualquer coisa que lhe assegure que ele está certo.

Michelle B. era uma talentosa designer que trabalhava como assistente de um renomado arquiteto. Depois de uma desavença com o chefe, Michelle perdeu o emprego, mas decidiu manter o título de arquiteta no seu cartão de visita. Temendo que, se não agisse assim, ninguém a contrataria e ela não inspiraria o respeito de que o seu ego ferido precisava, ela se fez passar por arquiteta. Ela se deu bem com essa estratégia, mentindo de vez em quando e assumindo projetos que estavam além da sua competência. Depois de faturar centenas de milhares de dólares com as suas dúzias de clientes e de ser denunciada cinco vezes, ela foi condenada. Nada detém um ego ferido e perseguido em sua tentativa de preencher o vácuo provocado pela separação da sua verdadeira essência.

Como o ego se sente incompleto e inferior sem a sua contraparte saudável, ele está constantemente se comparando a ela, sondando o que ela está fazendo e como está se saindo no que, no seu entender, é a batalha da vida. O ego ferido se satisfaz quando se sente melhor do que o seu vizinho, mais bonito, mais inteligente, mais sexy, mais elegante, mais rico, mais desejável, mais educado ou mais poderoso. Ele deseja com avidez tudo o que acha que o fará se sentir tão bem ou melhor do que a pessoa ao lado.

O ego ferido quer ficar em primeiro lugar, a qualquer preço. Como um parasita, ele devora o seu hospedeiro, mesmo que essa atitude represente o seu próprio fim. A avidez insaciável para ser "mais, melhor e diferente" é produto das suas feridas profundas, assim como o desejo intenso de se entrosar e pertencer a um grupo. Quando o ego está ferido, ele tenta desesperadamente se corrigir criando situações externas que o façam se sentir melhor. Sentindo-se inerentemente defeituoso, deficiente e inadequado, o ego ferido se agarra a qualquer coisa fora de si mesmo para se sentir inteiro. Alguns egos feridos se deixam levar pelo transe do materialismo, certos de que, se conquistarem "coisas" suficientes, eles provarão o seu valor, enquanto outros tentarão provar o próprio valor por meio do flerte e da sedução, sendo desejados por outras pessoas ou atraindo a atenção delas. Alguns encontrarão um conforto momentâneo no fato de serem necessários, enquanto outros descobrirão maneiras de ter mais poder. É assim que começa a grande batalha – a batalha para provar que somos diferentes de quem acreditamos ser, a batalha para descobrir coisas exteriores que encubram as nossas emoções, a batalha para superar nossos sentimentos de vergonha e o tumulto interior profundamente enraizado que escondemos dentro de nós. Toda essa energia é despendida apenas para que não tenhamos de sentir a profunda vergonha das nossas falhas, imperfeições e vulnerabilidades humanas.

A natureza das feridas emocionais que causaram originalmente a cisão determina o que o ego de cada pessoa buscará para aliviar a sua dor. Com base nas suas necessidades e desejos básicos, o ego ferido desenvolverá estratégias especiais para se sentir melhor. Alguns egos são estruturados para acreditar que o dinheiro é a solução, por isso eles perseguem o dinheiro como se ele fosse a cura para as suas feridas, mesmo que isso signifique fraudar, roubar, enganar ou participar de crimes passionais ou de luxúria. Dentro das estruturas de outros egos, o poder é considerado a cura, por isso essas pessoas buscam o prestígio das posições de liderança. Outros procuram se sentir melhor dominando, manipulando, controlando e subjugando outras pessoas, o que leva a comportamentos que vão desde a infidelidade até os crimes sexuais, da mentira à chantagem. O ego realmente acredita que se sentirá melhor e voltará a ser inteiro se buscar essas experiências exteriores. Ele faz tudo isso na esperança de satisfazer sua avidez e sua necessidade de se sentir amado e aprovado.

O ego doentio busca a gratificação imediata e momentos que lhe tragam um rápido bem-estar. As consequências não são levadas em consideração ou compreendidas, pois a arrogância do ego distorcido cria uma separação entre fantasia e realidade que nos deixa cegos para o nosso próprio comportamento. E é aí que mora o perigo: quando não nos vemos, quando não reconhecemos mais o impacto do nosso comportamento, corremos o risco de nos tornar escravos dos desejos distorcidos do nosso ego doentio.

Sem o equilíbrio do eu superior, o ego ferido vive numa busca constante para provar que é mais importante, respeitado, admirado e bem-sucedido que os outros. Mas eis o paradoxo: não importa o quanto o ego ferido se esforce para conquistar ou atingir o que quer, no fim do dia ele ainda está insatisfeito. A minha amiga e mentora Suzanne West explica esse estado psicológico como "o fracasso da Árvore dos Desejos, que ocorre quando o nosso ego faminto está em busca da sua oportunidade de ouro, no encalço da sua próxima conquista (seja ela qual for) e achando que a satisfação desse desejo preencherá o nosso buraco emocional e nos trará a alegria e a plenitude há muito acalentadas e que tanto procuramos". Mas eu posso assegurar-lhe que, não importa quanto o ego conquiste no mundo exterior, o que ele realmente anseia não existe lá fora; existe no nosso mundo interior. O ego está, no final das contas, tentando voltar, tentando se reunir com a sua contraparte. E isso ele nunca conseguirá, não importa quanto sucesso alcance, quantos elogios receba ou quantos bens materiais acumule. Porque em comparação com o nosso eu integrado e inteiro, o ego ferido fracassa miseravelmente. Portanto, em sua tentativa desesperada de ficar à altura dele, a única opção que ele vê é buscar o que aos seus olhos equilibrará os pratos da balança e o tornará um igual. O pensamento insuportável de que ele é "menos" é o que impulsiona o ego ferido.

É aí que está o problema fundamental e a fonte da maioria das neuroses da atualidade. O ego ferido se sente "menos" quando se compara com a sua contraparte divina. Ele é completamente deficiente, imperfeito, carente, defeituoso, raivoso, manipulador, controlador, ganancioso, egocêntrico, avaliador, crítico, sedento de poder e defensivo, e também exibe uma longa série de outras qualidades pouco atrativas que nosso eu superior não identifica como boas ou ruins ou certas e erradas. O ego ferido vive pelo que ele e os outros pensam. Vive por aprovação, amor e aceitação, enquanto o nosso eu superior é completo em si mesmo, perfeito e não deseja mais do que isso, pois é ilimitado, puro e autêntico. Ele não precisa da aprovação de ninguém, pois ele é inteiro e completo e nunca busca nada que esteja fora de si mesmo.

Esse eu superior é inteiro e completo; não precisa ser apresentado, porque não se importa em saber se é visto ou reconhecido. Essa é a parte do paradoxo cósmico. O eu superior é perfeito até na presença da imperfeição; ele está sempre presente, mesmo quando lhe voltamos as costas. Ele é onipresente, nunca nos abandona, nunca rompe o seu compromisso de apoiar a nossa expressão mais elevada, nunca nos apressa para que nos transformemos ou voltemos para casa. O nosso eu eterno está sempre preocupado com os nossos melhores interesses, mesmo quando o nosso eu inferior está disposto a se autodestruir.

A estrutura do nosso ego é tão rígida, tão resistente e tão espessa que, até quando a luz do nosso eu superior atinge a nossa consciência e nos desperta, rapidamente criamos algum tipo de limitação (na forma de problemas diários ou autossabotagem) para encobrir o nosso eu mais unificado e ilimitado. Nada é mais difícil para nós do que deixar de lado a "segurança" do nosso ego e seus pensamentos, crenças, comportamentos e consolos previsíveis. É muito difícil desistir do eu que conhecemos – a visão de mundo limitada e falsa do ego ferido – em favor de possibilidades ilimitadas que não sabemos nem podemos saber que existem. Isso porque, depois que é avariado, o ego, por sua própria natureza, quer e precisa ter controle absoluto. Ele acredita ser o poder absoluto, a força suprema, o fim e o começo de tudo.

O ego pode acabar conhecendo e apreciando a beleza, o poder e as dádivas do eu superior, mas é muito provável que ele não demonstre interesse – a menos, é claro, que esse conhecimento possa contribuir com a sua própria causa. Quando estamos profundamente enraizados nos nossos egos feridos, nós não ouvimos. Na verdade não queremos conhecer nada que possa ameaçar a nossa realidade presente ou que nos cause sentimentos de desconforto ou vergonha. Negamos essa parte permanente de nós e, na nossa ignorância, buscamos algo na experiência exterior que possa nos completar – que necessidade podemos satisfazer por meio das pessoas à nossa volta, e o que podemos conquistar do ponto de vista material, físico ou emocional. Quando estamos sob o controle do nosso ego ferido, o mundo interior nos parece um prêmio simplório, a menos, é claro, que o fato de prestar atenção nele de algum modo ajude o ego a satisfazer as suas necessidades.

A maior tarefa do ego saudável é se diferenciar do ego das outras pessoas, para confirmar a sua realidade. Mas o ego ferido ou doentio acha que a melhor maneira de se fazer isso é estando certo sobre tudo, mesmo que isso acarrete consequências indesejáveis para si mesmo. Por exemplo, a sua mãe pode ter lhe dito, direta ou indiretamente, que você não era bom o suficiente. Quando você tinha 2, 3 ou 5 anos, você inconscientemente acreditou nela. Como você é uma máquina humana muito bem treinada, concluiu que as pessoas que acreditavam não serem boas o suficiente não atingiam o sucesso, por isso tentou encobrir essa parte de si mesmo, a parte de você da qual a sua mãe falava. Crente de que não ser bom o suficiente é errado, você se separa dessa parte de si mesmo e começa o processo de criar um falso eu, de modo que ninguém descubra a verdade sobre quem você é. Então, agora, anos depois, após reciclar essa crença na sua cabeça repetidas vezes, consciente ou inconscientemente, você sai pelo mundo e tenta fazer algo para provar a si mesmo que, de fato, as palavras da sua mãe e aquela crença que o assombra há anos estão *corretas*. Deixe-me dar um exemplo.

Lory era uma criança carente e "pegajosa". Ela adorava a mãe e não saía do lado dela. A mãe vivia repreendendo-a por ser tão carente: "Você fica pendurada em mim o tempo todo! Precisa cortar o cordão umbilical". Quando Lory era adolescente, fez tudo para provar a sua independência, para provar que não precisava da mãe e que era capaz de cortar o cordão umbilical. Mas, à medida que se tornava adulta e suas defesas caíam por terra, ela começou a se apoiar na mãe outra vez. Com os anos começou a perceber quantas oportunidades desperdiçaria se isso significasse abandonar a cidadezinha onde a mãe morava.

Lory finalmente me procurou quando estava prestes a romper o noivado porque o noivo seria transferido para outro estado. Embora ela trabalhasse em casa e pudesse morar em qualquer lugar do país, estava zangada porque o noivo tinha optado por investir na carreira profissional e mudar-se com ela para longe da casa da sua mãe. Ela teve um ataque de nervos e acabou agredindo-o, devido a uma série de conflitos sobre os quais não tinha nenhum controle, e rompeu o noivado com o amor da sua vida. Ela agora estava envergonhada e constrangida, porque nunca tinha agredido ninguém fisicamente. Achava que era uma moça calma e dócil e nunca tinha mostrado sinais de ser agressiva, nem mesmo com o seu irmãozinho malcriado.

A sua fúria nunca tinha vindo à tona antes e ela não conseguia entender o que estava provocando esse comportamento. Quando perguntei a Lory se ela gostava de morar em sua cidadezinha, ela rapidamente disse que não. Quando lhe perguntei se algum dia tinha pensado em se mudar dali, ela disse, "Penso nisso o tempo todo". Eu queria saber o que tinha provocado tamanha fúria nela a ponto de fazê-la agredir o homem que amava. Ela tinha uma persona muito gentil e uma natureza afável. Mas, quando me respondeu, parecia ser novamente a garotinha de 5 ou 6 anos de idade. Numa voz infantilizada, ela disse que não podia se mudar porque a mãe estava certa: ela nunca seria capaz de cortar o cordão umbilical. Embora Lory não tivesse escolhido essa crença conscientemente nem a desejado, ela estava enraizada no seu subconsciente e, por Deus, ela provaria que a crença estava certa, nem que isso destruísse o resto da sua vida e lhe roubasse o amor com que ela sempre sonhara.

Para Lory, mudar de cidade e ter uma vida bem-sucedida não só contrariava a sua crença subjacente (isto é, que ela nunca cortaria o cordão umbilical) como a obrigaria a admitir que a mãe, que ela idolatrava, estava errada também. O ego ferido, em toda a sua arrogância, não podia admitir estar errado, a menos, é claro, que ele estivesse certo sobre o quanto estava errado.

Esse é o problema. Você pode dizer a si mesmo, "Eu não quero estar certo sobre as crenças negativas que compõem o meu falso eu e estão ocultas no meu subconsciente", mas emocionalmente você está amarrado à estrutura de crenças que criou o seu falso eu. Não há nada que você possa fazer a respeito. Isso está fora do seu alcance, pois você fez um acordo inconsciente. Uma vez que você está nas garras do seu ego ferido, que se considera a ordem mais elevada, o Ser Supremo, o Grande Kahuna, você não pode admitir que não tem controle sobre os impulsos inconscientes e cheios de culpa da sua mente subconsciente. Então você cria uma falsa persona – uma máscara, por assim dizer –, para esconder as suas inadequações, as suas inseguranças e os seus medos profundos de não ter valor nem ser digno de amor.

7

DECODIFICANDO O FALSO EU

O medo e a vergonha são os pais do falso eu. O nosso ego ferido, num esforço para se distanciar dos seus sentimentos profundos de desvalor e impotência, constrói uma máscara, uma persona, para se esconder por trás dela. Esse falso eu é encarregado de uma missão apenas: esconder todas as partes indesejáveis e inaceitáveis de nós mesmos. Não precisaríamos criar um falso eu se, no fundo do coração, nos sentíssemos bem com relação a quem somos. Criamos essa persona como meio de nos esconder e nos proteger do que os outros (e nós mesmos) fizeram de errado, ruim e inaceitável. Criamos um falso eu na esperança de que, de algum modo, isso nos ajude a atender às diretrizes severas do nosso ambiente exterior, não importa o quanto possam ser insanas, assustadoras ou pouco inteligentes.

Na infância, quanto mais nos expressávamos e demonstrávamos comportamentos que provocavam críticas cruéis ou castigos sem sentido, mais nos separávamos da nossa verdadeira essência. Cada incidente que provocava desaprovação, cada expressão silenciada porque estávamos chorando, gritando, fazendo perguntas demais ou correndo e dando risadinhas enquanto os nossos pais tentavam trabalhar, fazia com que nos separássemos inconscientemente do nosso eu autêntico, do verdadeiro eu. E, ao fazer isso, também nos separávamos da nossa alegria, da paixão e do coração generoso. Então, para garantir a sobrevivência emocional, começamos o processo cruel de tentar encobrir o eu autêntico para nos tornarmos o que considerávamos o nosso eu "correto", o eu aceitável, o eu que poderia fazer parte da sociedade. A cada rejeição, criávamos mais separação interior e construíamos paredes invisíveis cada vez mais grossas para proteger nosso coração terno e sensível. Dia após dia, experiência após experiência, construíamos por ignorância uma fortaleza invisível que se tornou nosso falso eu. Essa fortaleza de falsa expressão – de expressão limitada – obscureceu a nossa essência, ocultando as nossas vulnerabilidades, sensibilidades e muitas vezes a capacidade de ver e conhecer a verdade sobre nós mesmos.

Quando eu tinha 10 anos de idade, depois de algumas situações ingratas, uma grande dose de rejeição e algumas decisões ruins da minha parte, essa corrupção aconteceu dentro de mim. Ela começou na forma de decepção pelas injustiças que eu sentia na minha vida e no mundo e, à medida que crescia, a minha natureza doce foi aos poucos sendo substituída por uma postura defensiva com relação aos outros. Com o tempo passei de doce a amarga, de terna a severa, de aberta a retraída, de confiante a insegura. A *burrice* era a minha grande nêmese – algo que eu nunca queria ter. A minha irmã mais velha, Arielle, era ao mesmo tempo a minha heroína e a minha rival, e parecia ter recebido de Deus muito mais inteligência do que eu. Embora as minhas notas não fossem ruins, Arielle fazia redações maravilhosas e era a única que podia andar pela casa com a cabeça erguida, exibindo o seu boletim digno de nota de um jeito que todos parassem e o notassem. Alta e confiante, Arielle ocupou facilmente o posto de irmã mais inteligente. Eu me resignei em ser a irmã burra, o que feria o meu ego já tão frágil. Não demorou muito até que a minha essência divina e a minha beleza interior fossem encobertas pela vergonha e pelo medo. Eu me sentia constrangida por ser falha, imperfeita, inferior e insuficientemente boa, e morria de medo de que, se expusesse essa fraqueza, as pessoas começassem a me deixar de lado.

Essas feridas cobriram a minha inocência e afastaram-me do meu dom mais precioso: a ligação com o meu eu superior, com Deus e com o todo maior. Na época em que eu tinha 8 ou 9 anos, eu já tinha começado a meticulosa tarefa de tentar provar a todo mundo à minha volta que eu era importante, que era boa o suficiente e que era inteligente também. Aos poucos me escondi atrás de uma fachada de arrogância e guardei o coração sob todas as camadas de falsa bravata que poderia criar. Sentindo-me separada do mundo à minha volta e dolorosamente sozinha (embora sempre houvesse pessoas perto de mim), comecei o processo desgastante de fingir ser alguém diferente de quem era. A insegurança me levou a criar uma máscara chamada "Sei Tudo". Tentei arduamente tornar essa máscara convincente criando defesas para afastar qualquer pensamento, crença ou julgamento, meus e de outras pessoas, que não estivessem em sintonia com a minha nova persona construída. Eu me tornei muito severa com relação a todas as minhas crenças e opiniões, impondo-as àqueles à minha volta e achando que essa era a melhor maneira de provar ao meu ego ferido que eu era mais inteligente que a minha irmã.

Eu estufava o peito e vestia a nova máscara para poder fingir que era alguém que não era. A minha máscara – a face do meu falso eu – franqueou-me o acesso a uma persona social que eu julgava aceitável e capaz de proteger o meu coração terno e sensível. Então a versão nova e melhorada de Debbie viria em meu auxílio e eu poderia fingir, pelo menos por um tempo, que era a garota que queria ser e não a que realmente era. Com a máscara eu podia ser forte e confiante – a garota inteligente a quem todo mundo pedia conselhos. Eu podia ser a garota sábia e amorosa que a minha família respeitava e queria ouvir. Eu podia ser a garota bonita, popular, aquela que não ligava para o que os outros pensavam. Com o meu falso eu intacto, eu conseguiria me livrar dos sentimentos terrivelmente debilitantes de desvalor e estupidez, e fingir que estava tudo bem. Eu aprendi a sorrir, a dançar, a ser tranquila e a fingir indiferença para que a máscara do meu falso eu enganasse ainda mais. Aprendi a improvisar e, mais importante ainda, aprendi a proteger o meu coração (ou assim pensava) e esconder as minhas inadequações. Pouco a pouco, fui descobrindo maneiras de encobrir a vergonha e o medo que guardava no peito.

Corrupção interna

A única maneira de garantir que nosso eu autêntico e imperfeito não seja descoberto ou exposto é começar a desenvolver o lado contrário da qualidade que tentamos ocultar. Trata-se de um grande disfarce. Nós fingimos e construímos cuidadosamente uma máscara para que ninguém, nem nós mesmos, nos reconheça. Nós nos empenhamos para supercompensar com qualquer qualidade que julguemos o oposto positivo daquela que queremos disfarçar. Se, na infância, você se sentia como se fosse invisível, se achava que não era reconhecida pelas pessoas que mais amava, você pode ter adotado uma persona carente de atenção para atrair a atenção que tanto queria. Se você se sentia insignificante, pode ter criado uma fachada para se sentir importante.

É assim que funciona. Com uma necessidade desesperada de fazer parte, tentamos incansavelmente nos tornar qualquer coisa que julguemos desejável para a nossa família, amigos, colegas ou outras influências externas importantes para nós. Sem pensar duas vezes, desistimos da nossa luz, desistimos da inocência, desistimos da verdade mais profunda e encobrimos a nossa expressão autêntica. Na ânsia para nos agarrar ao amor de que precisamos, privamo-nos do que é mais sagrado; afastamo-nos dos nossos desejos autênticos e tentamos alcançar o impossível: entrosarmo-nos com aqueles que julgamos merecedores do nosso amor e afeição e sermos aprovados, aceitos e amados por eles. Voilá – o nascimento bem-sucedido do nosso falso eu.

A nossa vergonha e o nosso medo nos convencem a usar um número infinito de máscaras e a nos esconder atrás delas. Como nos falta a compreensão de que não apenas nós, mas os nossos queridos amigos e familiares possuem seus demônios interiores, negamos essas partes do nosso ser e começamos o processo incansável de criar personas – fantasias, por assim dizer – para esconder tudo o que realmente somos. Criamos fachadas externas para que ninguém descubra os nossos pensamentos, desejos e impulsos sombrios. O problema, claro, é que acabamos perdendo de vista não só a nossa escuridão, mas também a nossa luz. A nossa natureza autêntica está agora coberta de impurezas e passamos a viver mecanicamente com base nos aspectos inferiores do nosso eu – o nosso ego ferido.

O ego ferido, totalmente convencido de que será rejeitado ou deixado de lado caso as suas imperfeições sejam reveladas, esquece-se de que idealizou uma persona, uma máscara, para mostrar ao mundo. Então ele inevitavelmente perde o acesso à sua contraparte mais brilhante e evoluída e se identifica completamente com o falso eu que criou. A missão do falso eu é se tornar aceitável para ele mesmo, o que mais uma vez é como uma droga alucinógena, pois o falso eu foi criado para que ele não tivesse de lidar com o "eu" que julgava ser por causa das suas feridas. Então esse novo eu (o falso eu) tenta incansavelmente ser alguém que não é para que ninguém descubra a verdade: que ele não é o eu autêntico, verdadeiro, que você julgou danificado e perdido décadas atrás.

O falso eu tem muitas maneiras de esconder a vergonha que sente, de camuflar a dor e disfarçar a verdadeira natureza. Eis por que é tão difícil descobrir a verdade sobre a nossa natureza magnífica e por que temos que cometer de vez em quando um ato inacreditavelmente autodestrutivo para podermos romper a fachada sólida do nosso falso eu e decifrar o código que nos convenceu a esconder a nossa verdadeira natureza.

O ego ferido pode usar uma grande variedade de máscaras para camuflar o que ele considera suas inadequações. A natureza da fachada que escolhemos varia de pessoa para pessoa e a maioria de nós tem mais do que uma máscara social, que escolhemos de acordo com quem estamos e do estágio da vida que vivemos. A maioria de nós começou a construir essas fachadas externas em tenra idade, à medida que tentávamos calcular que modo de ser nos asseguraria mais amor e cobriria melhor a nossa dolorosa vergonha e o nosso ego ferido. Alguns de nós escolheram a sua persona observando como as outras pessoas encaravam o nosso eu autêntico e verdadeiro e depois ajustando a sua persona de acordo com essas observações. Podemos ter escolhido uma determinada persona por achar que ela impediria que fôssemos magoados ou que nos tornaria invisíveis aos olhos daqueles que nos criticavam. Podemos ter optado pela máscara do Durão (ou Durona) porque era isso que a sociedade esperava de nós ou porque tínhamos receio de expor o nosso eu doce e inocente e acabar sendo alvos de chacotas ou feitos de bobos. Se a burrice era condenada na nossa casa, podemos ter nos transformado em esnobes intelectuais, conhecidos também como sabichões.

Podemos ter escolhido uma máscara em particular porque víamos que ela funcionava muito bem para alguém que conhecíamos. Talvez tivéssemos uma amiga na escola que tinha a admiração e o respeito dos colegas por usar a máscara da Boa Moça, do Cuca Fresca ou do Valentão, por isso idealizamos uma persona semelhante. Talvez tenhamos percebido toda a atenção masculina que a Sedutora atraía ou como o Charmoso conseguia que todas as mulheres comessem na palma da sua mão. Talvez tenhamos percebido muito cedo na vida que nunca seríamos muito populares e tenhamos adotado o que nos pareceu a segunda melhor opção: o Admirador, sempre disponível para aqueles que tinham fama, poder ou status maior do que o nosso. Talvez a culpa e o dever tenham sido passados de geração em geração na sua família, portanto você simplesmente adotou a persona que viu na sua mãe e se tornou a mártir clássica.

Criamos as máscaras a partir das observações que fizemos de quais dos nossos comportamentos eram considerados aceitáveis e quais não eram. Então, consciente ou inconscientemente, começamos a nos moldar de acordo com o que acreditávamos que iria esconder os nossos traços de caráter inaceitáveis ou nos trazer o tipo de amor e atenção que desejávamos. Alguns de nós tinham consciência, mesmo quando bem jovens, de que estávamos tentando ser alguém que não éramos, e outros assumiam automaticamente uma fachada para esconder as partes inaceitáveis ou rejeitadas de si mesmos. Mesmo agora, alguns dos que estão lendo este livro saberão exatamente do que estou falando, embora outros possam nem ter percebido que estão usando alguma versão de máscara há vinte, trinta ou quarenta anos. E sem o seu conhecimento, o seu eu autêntico está oculto atrás dessa máscara. Imagine que você tenha recebido um presentinho – uma moedinha mágica, por exemplo – da sua avó quando era pequeno. Para mantê-lo num local seguro, você o escondeu em algum lugar para que ninguém o encontrasse. Você seria capaz de se lembrar, depois de todos esses anos, onde o escondeu? Você seria capaz de se lembrar que o escondeu? O mesmo vale para o nosso incólume eu autêntico. Nós o escondemos por tanto tempo que nos esquecemos de quem ele é ou de que ele um dia existiu.

Seja qual for a fachada que você escolheu, quer tenha sido ela criada consciente ou inconscientemente, a sua máscara foi concebida para distanciá-lo da vergonha que sentiu com respeito a certos aspectos da sua verdadeira natureza. E, mais importante ainda, ela foi concebida para garantir que esses aspectos indesejáveis permanecessem longe dos olhos do mundo.

O constrangimento que o levou a criar a sua máscara pode decorrer de milhares de coisas. Por exemplo, a sua vergonha pode ser causada por você ser um caipirão. Horrorizado, você se escondeu atrás de uma máscara que o fez parecer sexy, desejável e popular. Dez anos depois, sentindo-se perdido e sozinho, você começa a buscar o seu eu verdadeiro. Está tentando encontrar a sua voz autêntica, a sua paixão de verdade, a sua natureza real e autêntica, mas se recusa a tirar a máscara, pois odeia o que teme estar escondido atrás dela.

Talvez a sua maior vergonha seja o fato de ser egoísta, rude e, portanto, não tão adorável quanto os outros membros da sua família. Então você se esconde atrás de uma máscara de simpatia, polidez e bondade. Desenvolve maneiras impecáveis, um grande traquejo social e um sorriso caloroso e afável. Então um dia, quando não aguenta mais viver na prisão do seu próprio ambiente polido e controlado, você tenta escapar do confinamento da sua fachada, sentindo que é muito mais do que a sua máscara permite que expresse. Mas, quando tenta romper esse eu fabricado, o seu medo o faz retroceder, pois você não quer sentir a vergonha de ser rude, egoísta e indigno de amor.

Talvez a sua vergonha seja o fato de ser um joão-ninguém. No colegial você decidiu esconder esse fato tornando-se o famoso Super-realizador. Você passou a fazer parte do grêmio estudantil, foi um líder e entrou numa das melhores universidades do país. Vinte anos depois, percebeu que nenhuma realização material pode trazer a satisfação que procurava. O vazio que sente o leva a buscar uma vida mais significativa e cheia de propósito. Você começa a perceber que você e a sua vida podem ser muito mais do que são. Mas, novamente, quando começa a chegar mais perto da verdade, começa a sentir a vergonha tóxica e profunda do passado, quando se sentia um joão-ninguém. Então, em vez de mergulhar em si mesmo e descobrir o que procura, você vira as costas e tenta encontrar uma maneira de tornar a sua máscara mais palatável.

Depois que a nossa fachada ocupa o seu lugar, nós nos acostumamos à natureza da máscara que criamos. Se somos as Boas Moças, buscaremos oportunidades em que possamos mostrar o quanto somos prestativas, gentis e úteis. Se somos Vítimas, inconscientemente nos colocaremos em situações precárias, em que seremos usadas, abusadas e passadas para trás. Se somos os Bajuladores, encontraremos as pessoas certas a que nos agarrar – geralmente pessoas cuja aprovação almejamos – que nos pedirão para fazer coisas por elas, de modo que possamos dizer sim mesmo quando o nosso maior desejo é dizer não. Em outras palavras, atraímos as exatas pessoas que nos ajudarão a garantir que possamos continuar representando o mesmo personagem o tempo todo – mesmo quando isso se torna tão doloroso que mal podemos suportar. Nós nos agarramos à nossa fantasia, acreditando que somos a máscara que usamos. Confundimos a pessoa que somos com a persona que nos tornamos.

As nossas personas muitas vezes começam como um mecanismo protetor e logo se tornam a nossa prisão. Elas são gaiolas invisíveis que limitam a autoexpressão e nos roubam a capacidade de sermos nós mesmos. É como uma brincadeira de esconde-esconde: escondemos as nossas características indesejáveis e depois precisamos procurá-las para reivindicar o nosso eu autêntico, oculto por trás das máscaras.

As nossas máscaras sociais não foram criadas à toa ou por acidente. Elas foram construídas gradativamente, para encobrir a vergonha que experimentávamos em resultado de incidentes que nos levaram a nos sentir mal com relação ao que somos. Como treinadora e líder de seminários especializada em educação emocional e espiritual, passei os últimos vinte anos ensinando pessoas de todas as procedências a reconhecer as suas máscaras e começar a desmantelá-las. É uma experiência tocante e surpreendente testemunhar a desconstrução do eu fabricado num ambiente seguro e que nos dá apoio. Nós na verdade sabemos muito mais a respeito do *modus operandi* do nosso ego ferido do que suspeitamos. Num workshop intensivo que fiz pouco tempo atrás, para os alunos participantes de um dos meus programas de treinamento avançado, pedi que todo mundo do grupo contasse sobre a maior vergonha que tinham cultivado ao longo de toda a vida e a máscara que haviam usado para escondê-la.

Os trechos a seguir oferecem um vislumbre pungente das fachadas de homens e mulheres instruídos e produtivos como você e eu. Leia-os e você talvez consiga encontrar fragmentos da sua própria vergonha nesses depoimentos. Imagine alguém diante de você numa sala, dizendo...

> A minha vergonha é ser uma tarada, que gosta de namorar, e encobre isso vestindo-se num estilo conservador, retraindo-se sexualmente e mantendo os homens a distância.

> A minha vergonha é ser uma lésbica sem família, e eu encubro isso sendo engraçada, cultivando muitas amizades e sendo sempre a alma da festa.

> A minha vergonha é ser insensível e indiferente e eu encubro isso sendo simpática, uma boa ouvinte e preocupando-me com as necessidades de todo mundo.

> A minha vergonha é não ser boa, inteligente e bonita o suficiente e encubro isso fingindo que sou perfeita. Tenho filhos perfeitos, a casa perfeita e o emprego perfeito.

> A minha vergonha é ser um perdedor, um fracassado. Encubro isso sendo um treinador corporativo e um palestrante motivacional.

> A minha vergonha é ser alguém fraco, sem poder algum, e indecente. Encubro isso olhando todo mundo nos olhos e fazendo com que se sintam muito importantes.

A minha vergonha é ser tão insano quanto o meu irmão alcoólatra. Encubro isso sendo consultor financeiro e mantendo a minha vida sempre em ordem impecável.

A minha vergonha é morrer de medo dos homens. Encubro isso expondo-me sem constrangimento, vestindo roupas curtas e provocantes e usando um batom vermelho vivo.

A minha vergonha é que eu desdenho a maioria das pessoas e encubro isso sendo um líder envolvente e dedicado na minha comunidade.

A minha vergonha é ser fria e calculista e encubro isso sendo uma pessoa extremamente calorosa, carinhosa e acessível.

A minha vergonha é ser uma mentirosa patológica e encubro isso falando a todo mundo sobre a importância da honra e da integridade.

A minha vergonha é que dependo financeiramente da fortuna da minha família e encubro isso fingindo ser bem-sucedido e dizendo a todos que tenho uma empresa de um milhão de dólares.

A minha vergonha é ser um rejeitado que ninguém quer e encubro isso mantendo sempre um relacionamento.

A minha vergonha é ser intolerante e encubro isso me mostrando amiga de pessoas de todas as raças e convidando-as para ir à minha casa.

Espero que esses exemplos o ajudem a entender o mecanismo que cria e molda o falso eu. Embora tenha levado certo tempo para que os participantes do workshop reunissem coragem para serem transparentes e vulneráveis, a transformação que ocorreu em cada um deles, depois desse processo, mudou-lhes a vida, abriu seu coração e fez a busca pelo eu verdadeiro valer a pena.

Parte dois

O TRATADO DE PAZ

8

AS MÁSCARAS

Para ter paz, precisamos expor as máscaras que usamos para nos esconder; as fachadas que usamos para camuflar nossa vergonha são quase sempre óbvias para todos, com exceção de nós mesmos. Sem que saibamos, a identidade das máscaras normalmente está tatuada na nossa testa. As máscaras que adotamos podem ser categorizadas sem muito esforço, não só porque existem algumas poucas feridas básicas que todos nós compartilhamos e pelas quais sofremos, mas também porque, ao longo da vida, estamos sempre copiando os outros, imitando os seus comportamentos e adotando um dos disfarces de eficácia comprovada que, aos nossos olhos, nos levarão aonde queremos chegar. Se as nossas feridas são relacionadas ao desamparo, à impotência, ao abandono ou à traição, podemos usar uma das máscaras de vítima. Se elas se relacionam à dominação, à força, ao controle ou ao abuso, podemos optar por uma das faces do vitimador.

As máscaras que selecionamos dependem muito das nossas tendências naturais: tendemos a ser vítimas ou algozes? Presas ou predadores? De acordo com a teoria científica da seleção natural, o relacionamento entre presa e predador é central na estrutura da natureza e também é cultivado na estrutura humana. Vemos essa dinâmica em ação com raposas e coelhos, leopardos e zebras, gatos e ratos. Trata-se de uma interdependência fascinante e paradoxal presente nos sistemas vivos. A cadeia alimentar em que nos baseamos para a sobrevivência se mantém por uma simples razão: alguns de nós são predadores enquanto outros são as presas. Um tipo não pode existir sem o outro, e ambos são necessários para que haja equilíbrio e harmonia. A compreensão desse aspecto da natureza humana básica não só nos dá uma importante pista sobre as máscaras que usamos para esconder a vergonha, mas também é fundamental para que possamos recuperar o equilíbrio e fazer as pazes com os aspectos opostos do nosso ser que estiveram em conflito.

A mensagem subjacente do predador é: "Eu me alimentarei de você e o destruirei. Você é a minha vítima". Os tipos predadores vão além dos limites da outra pessoa, são ávidos por controle e tomam do outro o que não lhes pertence. Eles são violentos, agressivos, calculistas e manipuladores, e estão sempre preocupados com os próprios interesses – mesmo quando parecem preocupados com os interesses do outro. Os tipos predadores só agem quando podem receber algum tipo de recompensa. Eles se empenham para tomar a dianteira, satisfazer as suas necessidades e "chegar lá", sem se importar se vão prejudicar alguém no processo. Por outro lado, a mensagem subjacente da presa é: "Sou mais fraco que você. Por favor, não me machuque. Estou indefeso". Enquanto os predadores se concentram unicamente nas próprias necessidades, os tipos presa se preocupam em saber como podem agradar aos outros, ficar fora do caminho deles e se adaptar melhor. Satisfazer os outros é a principal maneira pela qual as presas garantem a própria sobrevivência. A sua estratégia, tenham consciência disso ou não, é dar aos outros o que eles querem, esperando assim não sair machucadas. Os tipos presa são passivos, submissos, medrosos e, portanto, facilmente manipulados.

Observe o pátio de qualquer escola e você encontrará a criança que bate e a criança que apanha. Se você é pai de duas ou mais crianças, talvez tenha notado que uma delas é mais agressiva e a outra mais passiva. Em qualquer conjunto de escritórios, você encontrará a pessoa que manipula e influencia as outras à sua volta para se dar bem, e verá aqueles que vivem sobrecarregados com as tarefas negligenciadas por outros funcionários e que são alvo dos maus-tratos sutis dos mais despóticos.

O predador pode se manifestar na forma do homem que pressiona as mulheres sexualmente ou da mulher que usa o seu poder de sedução para ter acesso ao mundo que escolheu. Os predadores podem ser encontrados em qualquer profissão como aqueles cuja natureza é dominar, explorar e ter controle sobre os outros. Evidentemente, a contraparte natural e companhia indispensável do predador é a presa. A mulher que se esconde por trás da obesidade porque subconscientemente se acredita sexualmente vulnerável é do tipo presa. O homem que não sai do escritório antes das dez da noite para não provocar a ira do chefe e perder o emprego também é do tipo presa. A dinâmica que existe entre os dois é infalível: os predadores podem farejar a presa a grandes distâncias, enquanto os tipos presa são inexoravelmente atraídos para os predadores como mariposas para a luz.

É nesse ponto, porém, que a trama fica mais densa: presa e predador muitas vezes se camuflam para que as pessoas os confundam com o tipo contrário. Vemos isso no mundo animal, quando as criaturas mais vulneráveis incham para parecer mais ferozes, enquanto caçadores ferozes escondem as garras e os dentes para se aproximar da presa.

Eu costumava me considerar como uma predadora – o tipo de mulher que ninguém "leva no bico" e que sabe cuidar de si mesma. Até me gabava de ajudar presas vulneráveis, ensinando-as a tomar conta de si mesmas. E sempre que algo ruim acontecia à minha volta, eu me considerava responsável, porque me via como um predador. Então um dia, depois de ter sido traída, usada e ludibriada por todo tipo de gente, percebi que era o alvo perfeito. Ao contrário da antiga fábula, eu era a ovelha em pele de lobo! Mas, durante grande parte da vida, não reconheci que era a presa. Como me sentia muito vulnerável quando criança, eu preferia muito mais me ver como um predador e fazia tudo o que podia para evitar o constrangimento de ser vista como uma vítima fraca, que não podia cuidar de si mesma. Ironicamente, a minha mãe estava sempre me apontando as maneiras pelas quais as pessoas se aproveitavam de mim. "Está escrito na sua testa", ela dizia, "Alvo fácil!" Eu ficava louca com ela porque estava acostumada demais a me ver como uma pessoa forte. Então, mesmo quando era avisada (e eu era!) recusava-me a me proteger. Por fim, depois de várias situações que provaram que eu estava errada, tive de admitir que, embora me disfarçasse de uma terrível predadora, a minha natureza básica era a da presa. Essa constatação mudou a minha vida para sempre.

Thomas, um antigo cliente meu, fazia o jogo contrário. Na sua vida pessoal, ele estava sempre enganando as namoradas e abusando da confiança das amantes e dos amigos também. Inconscientemente, ficava mortificado com o seu comportamento, que não casava com a imagem que ele queria projetar no mundo. Ele se empenhava muito para combater o comportamento predatório na vida profissional sendo um sujeito legal, um funcionário confiável e se revestindo de uma persona pouco ameaçadora e quase juvenil. Mas não conseguia reprimir a sua verdadeira natureza e, embora se empenhasse para jogar conforme as regras, acabava buscando e conseguindo justamente o que queria – sem se importar com quem cruzava o seu caminho. Enquanto ninguém percebia isso, Thomas conquistou um dos cargos mais importantes da empresa. A sua máscara de "presa" era usada com tamanha perspicácia que ninguém suspeitava do seu verdadeiro potencial, e só perceberam que Thomas a estava usando quando ele já estava no topo.

Cada um de nós tem uma natureza básica – uma propensão para ser predador ou presa – e é a partir dessa natureza básica que as nossas máscaras são criadas. Informação é poder aqui. Se você for uma presa, nunca será capaz de se proteger e se fortalecer caso não tenha conhecimento desse fato. Se for um predador, que vitima as outras pessoas e abusa delas, você só será capaz de mudar o seu comportamento se antes estiver disposto a reconhecer que essa é, de fato, a sua natureza. No meu caso, eu não tinha argúcia para localizar os verdadeiros predadores, porque estava ocupada demais fingindo que era um predador e negando que precisava desconfiar dos outros. Até me dispor a me ver como uma presa, nunca consegui cuidar de mim mesma e admitir quem eram os autênticos predadores, pois se fizesse isso eu acabaria com a minha própria máscara! A busca da sua natureza de presa/predador é uma jornada espetacular rumo às forças que moldaram a máscara do seu falso eu.

Para reconhecer e identificar a sua máscara, você tem que estar disposto a investigar os seus motivos e comportamentos – para descobrir quem está por trás da face que você mostra ao mundo. O problema é que o seu ego ferido o fará acreditar que, se você descobrir quem realmente é, acabará se detestando; e essa é, obviamente, uma mentira deslavada. Na minha área profissional, chamamos o ego de embusteiro, pois ele é um mestre do disfarce, sempre se escondendo de você – a única pessoa que realmente precisa entendê-lo. Ele está sempre adornado, munido da sua máscara, escondido atrás de véus de negação e fingindo ser algo que não é. Por isso você precisa ser persistente e extremamente atento para descobri-lo.

Então mais uma vez nos defrontamos com outro paradoxo da vida: para o ego assumir o seu lugar de direito e voltar a executar a sua função de maneira saudável – apenas como uma parte de nós –, precisamos conhecer todos os seus movimentos e motivações. Precisamos entender a sua estrutura e reconhecer as suas falhas. Precisamos estar conscientes das suas necessidades e inadequações, dos seus dons e também das suas limitações. Mas o problema, claro, é que a função do ego é ser um camaleão e se esconder de si mesmo, ser diferente e agir de maneiras que garantam a sua segurança e lhe deem a certeza de que ele não será destruído. A sobrevivência é a principal missão do ego. Para garantir que não iremos nos sabotar nem participar da autodestruição do outro, precisamos nos esforçar ao máximo para saber quando estamos sendo verdadeiros com o nosso eu superior, mais evoluído, e quando estamos resvalando para trás da máscara do ego ferido.

Evidentemente, você pode optar por não seguir em frente com essa cruzada para desmascarar o seu falso eu. Mas, se quiser saber como se tornou a pessoa que é hoje, por que se comporta dessa maneira e por que atraiu esses tipos de experiência, convido você a examinar cada uma das máscaras a seguir e relacioná-las na ordem em que você acha que elas podem se aplicar a você. Você deve saber que a maioria de nós usa pelo menos duas máscaras – aquela que mostramos em público e aquele que se revela quando não há ninguém por perto. A nossa máscara pública é quase sempre construída para nos granjear aprovação, admiração, amor, aceitação ou atenção, enquanto a nossa persona pessoal revela mais sobre o modo como realmente nos sentimos com relação a nós mesmos. Em público, talvez você seja o Salvador, aquele que contribui e ajuda todos à sua volta; mas, fora da vista de todos, talvez você seja o Solitário, isolado e sofrendo. Em público, talvez você use a máscara do Super-realizador, enquanto que na solidão do seu quarto você adota a máscara do Depressivo. Quero desafiá-lo a identificar tanto a sua máscara pública quanto a sua fachada privativa. Só então você conseguirá retirar as camadas de negação que existem entre você e a expressão maior do seu eu autêntico.

Ao empreender essa investigação, esteja ciente de que muitas vezes as características que você acha mais revoltantes nos outros são justamente as características das suas próprias máscaras. Portanto, enquanto lê as descrições a seguir, tenha em mente as pessoas que cruzaram o seu caminho ao longo da vida e que você julgou falsas, pretensiosas ou pouco verdadeiras. Ao identificar a máscara delas, você terá mais condições de reconhecer a sua própria. Muitas vezes ficamos horrorizados com a máscara que usamos e que nem sabíamos que estávamos usando. Então, quando a vemos em outra pessoa, sentimos repulsa, o impulso de julgá-las e, muitas vezes, ficamos hostis e incomodados. Vivemos tão ocupados tentando nos convencer de que somos alguém que não somos que é difícil para nós reconhecer o impostor que nos tornamos.

Se você detesta uma máscara em particular, é bem provável que use a máscara contrária (para provar que não é daquele jeito) ou use essa mesma máscara e não perceba. Como nos alerta o ensinamento budista, mesmo que sejamos capazes de ver, mesmo assim existe uma pessoa neste mundo que não conseguimos enxergar: nós mesmos. Só conseguimos nos enxergar por meio do reflexo do outro.

Pouco tempo atrás, eu estava numa festa beneficente quando uma amiga minha se aproximou e sussurrou no meu ouvido, "Não suporto a Melissa! Ela é tão falsa!" Quando olhei para Melissa, percebi que ela parecia usar a máscara da Eterna Otimista – o tipo sentimental demais, bajulador e feliz. Isso me causou surpresa porque a minha amiga é exatamente como ela. Na verdade, se eu tivesse substituído o rosto de Melissa pelo da minha amiga e visse seus movimentos de longe, ninguém perceberia essa troca. Como Melissa, a minha querida amiga é um pouco ruidosa, exagerada e hiperativa demais para ser natural.

A mesma coisa aconteceu num jantar certa noite, quando um homem com quem eu estava saindo se comportou exatamente como o personagem de um filme que tínhamos acabado de ver. O personagem era um charmoso tipo Casanova e o meu acompanhante o detestou, como também detestou o filme e o diretor. Numa tacada só, ele acabou com um filme que estava concorrendo ao Oscar – enquanto eu fiquei ali sentada atônita, pois os comportamentos que ele tinha odiado no protagonista eram exatamente aqueles que tinha exibido comigo e que haviam conquistado o meu coração.

No fundo, o falso eu não está nem aí para a máscara que está usando; para ele o que interessa é que ela apoie o seu ardil e esconda a dor e vergonha. Sua função é nos proteger, ser o condutor da nossa vida, e ele acredita possuir a força suprema que nos fará ganhar o grande prêmio. O seu lema é: "Eu sou o seu veículo, baby, e levarei você aonde quiser".

Ao explorar as complexidades e sutilezas de cada faceta do falso eu e as máscaras do ego ferido, e ao compreender a vergonha e o medo que lhes deram origem, podemos descobrir a solução espiritual que acabará por levar à cura e à integração do nosso falso eu e do nosso ego ferido.

As máscaras do ego ferido

A Sedutora

A Sedutora está em busca única e exclusivamente de uma coisa: sentir-se melhor com ela mesma. Nascida do medo de não ser boa o suficiente, de não ser amada o suficiente e de não ser o alvo das atenções de alguém, ela procura até encontrar um alvo adequado para aprisionar na sua teia energética. Ela é considerada um predador porque o seu principal objetivo é elevar a autoestima de outra pessoa para aliviar as suas próprias feridas emocionais. A Sedutora literalmente lança uma isca emocional sendo gentil, amorosa, interessada e sexual – atraindo a sua vítima, enquanto planeja a próxima investida. Ela passa o tempo pensando na aparência e em como os outros a veem. O fato de "capturar" a sua presa aumenta a sua percepção interior de si mesma e encobre, pelo menos momentaneamente, a enorme dor e a repulsa por si que ela guarda em sua psique.

O verdadeiro perigo da Sedutora é que ela não conhece as próprias motivações e suas vítimas também não conseguem percebê-las. Para ela não importa se magoará o outro ou o quanto a sua sedução custará para a outra pessoa. As suas motivações e estratégias se desenvolvem com o tempo, à medida que ela conhece as inseguranças e vulnerabilidades da sua presa. Pode-se pensar que as suas presas são apenas homens, na maioria casados (um garanhão, na opinião dela), mas podem ser também os seus colegas de trabalho, o chefe, outras mulheres ou qualquer um em posição de fazê-la cumprir a sua missão maior: roubar a luz dos outros e usá-la para expulsar a escuridão do grande buraco que tem dentro de si. As suas presas preferidas podem ser mulheres, caso elas a atraiam sexualmente. Em sua vida particular, ela se cerca de pessoas que são mais fracas do que ela – mas publicamente pode perseguir aqueles que parecem mais poderosos. *Perigosa, venenosa* e *maliciosa* são as características que uso para descrever a Sedutora, pois o seu principal ataque vem disfarçado de "amor". O seu "sinal" se irradia em todas as direções; às vezes ele é altíssimo, outras vezes não passa de um sussurro suave: "Eu lhe darei o meu amor se você me der o seu poder. Eu vou fazê-lo sentir melhor consigo mesmo se você me deixar assumir o controle. Vou lhe dizer tudo o que sempre quis ouvir se você fizer de mim o objeto das suas atenções".

A vergonha da Sedutora

Comum, pouco desejável, indigna de amor, tem aversão por si mesma, vazia, um zero à esquerda.

O desafio da Sedutora

O desafio da Sedutora é reconhecer que a sua ânsia por atenção, admiração e afeição é um clamor desesperado do seu mundo interior, avisando-a de que ela precisa dar tudo isso a si mesma. Ela precisa estar disposta a sentir o vazio e a dor reprimida que experimentará quando estiver sem um objeto para excitar, entreter e seduzir com o seu charme. Depois que entender que o que busca só pode ser encontrado dentro de si mesma, ela pode empreender a jornada de cura que restabelecerá a sua ligação com o eu superior e preencherá o seu vazio emocional, aumentando-lhe a autoestima.

O *Charmoso*

O Charmoso é o amante carismático que consegue pôr abaixo todas as nossas defesas apenas com um sorriso. Os Charmosos são mestres em manipulação, sempre usando as suas fraquezas para levar a melhor. Eles costumam formar um conceito das pessoas e observar quem precisa de amor, atenção ou esperança, para depois usar essas informações como arma para abrir as portas do seu coração ou do seu talão de cheques. Instruído e bem educado, muitas vezes viajado, ele pode se tornar rapidamente o seu melhor amigo, uma pessoa em quem confiar e com quem dividir os segredos. Mas você precisa ter muito cuidado, pois o Charmoso é um predador. Antes que perceba, ele já está tentando descobrir como pode invadir-lhe a cama, a conta bancária, o seu negócio ou o seu coração. O seu estilo furtivo é uma das suas características mais enganadoras. Mal sabe você que o Charmoso está de olho nos restaurantes que você prefere, nas lojas em que costuma fazer compras e nos filmes que mais gosta de ver, para usar essas informações mais tarde a fim de mostrar o quanto você é importante e especial para ele. Os Charmosos sabem como seduzir uma mulher ou um homem, e adoram descobrir o quanto você é fácil. Suaves, sagazes e secretamente hostis, eles podem literalmente enfeitiçá-lo. Eles muitas vezes são grandes vigaristas e nunca pensam duas vezes antes de lhe dizer uma mentira ou deturpar a verdade – tudo pensando apenas em fazê-lo se sentir melhor com relação a si mesmo.

A vergonha do Charmoso

Inferior, desvalorizado, indefeso, invisível, medíocre e mal-amado

O desafio do Charmoso

O desafio do Charmoso é reconhecer que, embora de fato tenha carisma para conseguir o que quer da maneira mais fácil, ele nunca se sentirá bem consigo enquanto estiver lançando mão do seu instinto predatório. O Charmoso pode precisar mergulhar fundo no próprio passado – para ver o momento em que decidiu que a sua melhor chance de atingir o sucesso seria abusando da boa fé das pessoas. O caminho para a plenitude, no caso do Charmoso, é reconhecer como ele se sente mal consigo mesmo, começar a adquirir o hábito de dizer a verdade e cultivar sentimentos positivos com relação ao próprio valor, fazendo escolhas que o fortaleçam.

O Bajulador

Os Bajuladores são alguns dos meus tipos favoritos, pois, embora o seu comportamento esteja enraizado no egoísmo puro, lá no fundo eles geralmente são bons e sua necessidade de agradar os outros muitas vezes faz com que lhes prestem auxílio. Os verdadeiros Bajuladores são normalmente pessoas que foram muito feridas na infância – foram tão humilhadas que as suas necessidades passaram a não lhes parecer mais importantes – e aprenderam em tenra idade que para sobreviver sem tanto stress eles precisavam tentar, com todas as suas forças, fazer os outros felizes. Os Bajuladores são presas dos tipos predadores e se sentem profundamente envergonhados de que simplesmente mereçam o espaço que ocupam neste mundo. Os seus sentimentos de desvalor e o medo de não serem nada sem o amor ou a aprovação das outras pessoas cria neles a necessidade irresistível de provar o seu valor para os outros. Os Bajuladores são aqueles que têm um sorriso caloroso no rosto e a palavra "presa" estampada na testa. Eles tentam cativar o seu amor fazendo tudo por você, se desdobrando e depois se esforçando ainda mais para satisfazer as suas vontades. Eles darão tudo o que têm até que fiquem exauridos e depois se nutrem secretamente, e de maneira bem pouco saudável, daqueles por quem se desdobraram. Eles podem tentar comprar o amor, dando presentes e gastando um dinheiro que não têm, para conquistar esse amor. O combustível deles é a adoração dos outros e, embora possam parecer generosos, na verdade estão sugando a energia das outras pessoas.

Os Bajuladores estão sempre buscando a aprovação dos outros para tudo o que fazem. Infelizmente, os seus sentimentos profundos de inadequação impedem que percebam o quanto são importantes e especiais para os seus receptores. Quando os Bajuladores agem com base nas feridas emocionais, a sua autossabotagem consiste na sua incapacidade para ouvir o que o outro pode verdadeiramente querer deles. O fato de enxergarem através do seu próprio filtro, que diz "O que posso fazer para agradá-lo?", faz com que sejam incapazes de ouvir, de serem ouvidos e de manter contato com o comportamento apropriado, cortando-os, portanto, pela raiz. A sombra dos Bajuladores é a profunda vergonha que sentem de que não sejam nada sem o outro. O "Outro", no caso, é qualquer pessoa a quem estejam apegados no momento, junto com as proezas que eles estão fazendo por essa pessoa para provar o quanto são necessários.

A vergonha dos Bajuladores

Inúteis, substituíveis, insignificantes, descartáveis, carentes, mal-amados e agressores passivos.

O desafio dos Bajuladores

O desafio dos Bajuladores é admitir que estão se doando ao outro com o propósito de se sentirem importantes e aceitos. Quando se permitem sentir as emoções ocultas que reprimiram por meio do ato de se doar, eles começam a reconhecer o quanto são carentes da própria misericórdia. Depois que o Bajulador se rende ao fato de que a sua missão na vida não é agradar aos outros, ele pode focar toda a sua atenção e energia na pessoa que de fato pode agradar: ele próprio.

O Valentão

Todos reconhecemos um Valentão quando vemos um. Eles geralmente são espalhafatosos e agressivos. O Valentão é a criança no parquinho que está sempre tirando sarro, apontando o dedo e agredindo as outras à sua volta e é o adulto, na sala de reunião, que gosta de controlar, intimidar e ameaçar para conseguir o que quer. O Valentão quer o que quer quando quer, e nunca pensa duas vezes antes de pressionar as pessoas para conseguir isso. Ele domina e controla à força, e a sua arma secreta é o medo que as pessoas sentem dele. Como são motivados pelo medo profundo que sentem de ser dominados ou controlados, eles intuitivamente entendem o medo que os outros seres humanos sentem. Têm um grande instinto de sobrevivência, por isso reconhecem facilmente os fracos e perseguem aqueles que se encolherão diante dele, cheios de medo, ou que não têm coragem ou poder para se voltar contra eles. Embora pareça forte, pois se cerca daqueles que são mais fracos do que ele, no fundo o Valentão é inseguro e sofre com os seus sentimentos profundos de inadequação.

Os Valentões são covardes disfarçados. Mortos de medo de não estarem à altura dos outros, eles tentam compensar esse sentimento profundo de inadequação dominando-os. Eles devem ser temidos porque foram tão magoados e feridos que geralmente tentam tudo para provar que são maiores, melhores e mais importantes do que você. A sua máscara de agressividade esconde o fato de que têm pavor de que você descubra quem eles são e exponham aos olhos de todos a sua pequenez.

A vergonha do Valentão

Fraco, com medo, inseguro, impotente, perdedor e covarde.

O desafio do Valentão

O desafio do Valentão é perceber que, embora o uso da força possa fazê-lo vencer algumas batalhas, ela também pode granjear-lhe muitos inimigos ao longo do caminho. Aceitando as suas fraquezas, admitindo quando se sente impotente e reconhecendo a sua vulnerabilidade, ele se coloca de fato numa posição de verdadeiro poder.

A Serpente Camuflada

A Serpente Camuflada é um embusteiro, pois você de fato acha que ele é inofensivo. A sua conduta discreta o desarma e até faz com que você lamente o fato de ele ser tão reprimido. Ele geralmente é cordial, mas não muito amigável, até que perceba que você está jogando limpo com ele. Ele pode lhe dar informações sobre os seus negócios ou talentos de maneira quase modesta, sugerindo oportunidades que estão ao alcance apenas de alguns poucos sortudos. As suas maneiras e maneirismos são uma isca para qualquer um que sinta saudade dos anos dourados, em que os homens eram honrados e respeitosos; e depois que ele encontra uma maneira de entrar na sua vida, logo descobre como roubar as suas ideias, o seu dinheiro, os seus contatos sociais e a sua dignidade. Tenha cautela, pois a sua aparente inocência oculta a sua velhacaria. Eles muitas vezes se consideram espertos, mas a sua fachada dócil e furtiva é só uma cortina de fumaça que esconde o fato de serem dependentes, pouco talentosos, inadequados e incapazes de vencerem por si próprios.

As Serpentes Camufladas são predadores que muitas vezes se disfarçam de presas – os proverbiais lobos em pele de cordeiro. Eles são coniventes, manipuladores, sagazes e sorrateiros. São muitas vezes reservados e fingem ser mais sensíveis e vulneráveis do que na verdade são para conquistar a sua confiança. Falsos e difíceis de desmascarar, eles se escondem por trás de uma máscara de inocência e se empenham para fazer com que os outros se sintam seguros, enquanto calculam o próximo golpe. Os seus sentimentos inconscientes de inveja e desvalor alimentam o seu desejo de parecer inocentes e dignos de confiança, mas cuidado – eles não são.

A vergonha da Serpente Camuflada

Pequeno, insignificante, impotente, insuficientemente bom, inadequado, vigarista, mentiroso.

O desafio da Serpente Camuflada

O desafio da Serpente Camuflada é reconhecer que não é tão indefeso assim. Como eles próprios podem ter se convencido de que são vítimas inocentes, o primeiro e mais difícil desafio da Serpente Camuflada é admitir que é, na verdade, um predador. O que a Serpente Camuflada precisa fazer é prestar muita atenção ao seu diálogo interior e perceber as suas verdadeiras intenções. As Serpentes Camufladas precisam se ver calculando o próximo golpe. Falar a verdade será o maior desafio que eles terão que enfrentar, pois são mestres da fraude. Sendo sinceros quanto ao que realmente querem, as Serpentes Camufladas se obrigam a parar de se esconder e descobrir o seu poder autêntico e o seu verdadeiro valor.

O Cuca Fresca

A pessoa que usa a máscara do Cuca Fresca faz tudo o que está ao seu alcance para convencer você de que está tudo bem, não há com que se preocupar e que tudo está sob controle. "Está tudo bem. O que é que há?" é o seu lema, e ela está convencida de que nada precisa mudar porque tudo está exatamente como deveria, mesmo quando as pessoas à sua volta estão zangadas, aborrecidas ou enlouquecidas. Os Cucas Frescas parecem indiferentes, ocupados demais com as suas atividades absorventes para se preocupar demais com os acontecimentos à sua volta. Isso faz com que sejam elogiados pelas outras pessoas por parecerem tão descontraídos e relaxados.

Com medo de virar a mesa, essas pessoas projetam a imagem de que confiam em si mesmas e encaram tudo com tranquilidade mesmo quando estão em meio a um furacão. Por baixo da calma exterior existe a crença desoladora de que elas são incapazes de lidar com a assustadora imprevisibilidade das outras pessoas e do mundo como um todo. Por trás da máscara de aparente compostura impenetrável existe o sentimento de grande impotência em lidar com o conflito ou com a negatividade. Quando confrontado por um amigo ou membro da família aborrecido ou um cliente zangado, ele abre um sorriso, sem deixar os problemas dos outros penetrarem na sua barreira protetora de alheamento emocional.

Muitos Cucas Frescas são, na verdade, mentirosos que enganam os outros e a si mesmos a respeito de como realmente se sentem. Se entrassem em contato com a sua própria insatisfação, dor, raiva ou outras emoções "pesadas", eles abririam a porta para o lado sombrio dos outros também. E o medo de que todo o inferno os engula caso eles admitam a profundidade do seu desespero faz com que eles procurem maneiras de entorpecer os verdadeiros sentimentos. Eles podem escolher fazer compras, drogar-se, fazer aulas de ioga ou a última tendência – qualquer coisa que os mantenha afastados dos seus problemas mais profundos.

A vergonha do Cuca Fresca

Incapaz, impotente, hipersensível, fora de controle e fraco.

O desafio do Cuca Fresca

O desafio do Cuca Fresca é cair na real e reconhecer e aceitar que o mundo é imperfeito. Pelo fato de serem motivados pela necessidade de parecerem perfeitos, aqueles que usam essa máscara precisam prestar menos atenção às aparências e um pouco mais às suas experiências interiores. Eles precisam estar dispostos a confrontar o terror que experimentam quando sentem que perderam o controle e a dar a si mesmos a permissão para ficarem nesse estado. O tipo Cuca Fresca logo perceberá que o que ele considera as suas maiores falhas na verdade o tornam mais humano e, portanto, mais ligado àqueles que ama e mais estimado por eles.

O Mártir

Os Mártires estão sempre se esforçando ao máximo para salvar o mundo, sacrificando-se para tomar conta de todos. Eles carregam o mundo nas costas, pois bem no fundo acreditam que todo mundo é incompetente ou idiota. O pesado fardo que carregam (seja salvando o mundo ou simplesmente a própria família) faz com que se sintam superiores ao resto de nós, pois eles se autoproclamam heróis do mundo. Como sinceramente acreditam que, se não fizerem um bom trabalho, tudo vai à bancarrota, esforçam-se para dar conta de tudo.

A ideia que os Mártires têm de serem mais virtuosos do que o resto da humanidade faz com que ultrapassem os limites e exijam das pessoas à sua volta mais do que é humanamente possível. Para eles a pessoa comum não tem nenhuma serventia, a menos, é claro, que ela se una a ele e o ajude a promover a sua causa. Os Mártires podem ser os mais gentis de todos os predadores, pois eles só abusam da presa quando ela serve ao todo maior. Lamentavelmente, a sua nêmese são eles mesmos, pois nada do que façam diminui a sua culpa e vergonha por não fazer ou ser o suficiente. O Mártir se considera o centro do seu próprio universo. Como ele tende a se concentrar apenas em si mesmo e pensar exclusivamente na própria missão, muitas vezes ouve um "Chega pra lá" daqueles ao seu redor e acaba se sentindo profundamente magoado, pois, afinal de contas, estava fazendo tudo o que estava ao seu alcance e se esforçando ao máximo para ajudar. O Mártir tem uma desculpa para manipular os outros: tudo o que ele faz é para tornar o mundo – ou simplesmente o seu lar – um lugar melhor. Os Mártires são os sabichões e acreditam estarem acima do resto de nós, gente incompetente. A necessidade que sentem de ser valorizados e especiais lhes confere uma frieza que eles ocultam muito bem.

A vergonha do Mártir

Irresponsável, egocêntrico, sem controle, impotente, substituível e inútil.

O desafio do Mártir

O desafio do Mártir começa na aceitação do fato de que seus motivos não são altruístas ou elevados como ele faz os outros acreditarem. Para cada ato de sacrifício, o ego ferido do Mártir recebe uma recompensa, que vem em forma de respeito, admiração ou simplesmente a boa e velha piedade dos outros. Ao reconhecer a profunda necessidade que eles tentam satisfazer por meio do sacrifício (a necessidade de ser amado), os Mártires conseguem adotar uma postura mais responsável e escolher conscientemente o que farão para cuidar das outras pessoas e de si mesmos.

A Boa Moça

A Boa Moça se desdobra para que todos saibam a força positiva que ela é no mundo. Sempre trazendo consigo um raio de luz e um sorriso gentil nos lábios, a Boa Moça quer que você saiba que ela é uma dama gentil, decente, elegante e bem-comportada, que sempre segue as regras.

Sempre a primeira a perguntar se os seus filhos vão indo bem na escola ou como a sua mãe está passando, a Boa Moça exala consideração pelos outros e sempre se dispõe a ouvir as queixas ou estimular os que precisam. A Boa Moça não perde a oportunidade de deixar de lado as próprias necessidades em favor das dos outros, pois acredita que o seu valor depende da bondade que demonstra para com eles. Ela é a moça simples que sabe cuidar da própria vida sem chamar a atenção para si. Na verdade, por ser uma presa, ela está programada para não chamar atenção. Você sabe de quem estou falando: a moça que traz biscoitinhos e pratos deliciosos em todos os eventos e se oferece como voluntária para limpar tudo no final. Mas ela poderia, com a mesma facilidade, ser aquela que se torna amante do marido de outra mulher, enquanto finge ser amiga dela.

A Boa Moça está tão preocupada em manter a sua imagem que projeta essa máscara sobre a família, os amigos e a comunidade onde vive. Muitas vezes ela se recusa terminantemente a ver qualquer aspecto da realidade que poderia lhe parecer negativo. Ela não quer falar sobre desejos conflituosos e nunca encara de frente nenhum sentimento de inveja, mesquinharia ou raiva. Por trás da fachada de certinha, a Boa Moça teme as próprias idiossincrasias e humanidade imprevisível e fecha a porta para qualquer coisa que não combine com a sua autoimagem.

A vergonha da Boa Moça

Imperfeita, indesejável, enfraquecida, falsa, ruim.

O desafio da Boa Moça

O desafio da Boa Moça começa com o reconhecimento das experiências pelas quais passou nos primeiros anos de vida e que a levaram a acreditar que ela era uma má menina e que só seria amada, aceita e acolhida pela família se projetasse uma imagem de bondade e perfeição. Ao raspar a superfície da persona de Boa Moça, ela começa a expor os seus impulsos e desejos autênticos embora rejeitados. Só quando estiver em contato com eles, ela poderá reconhecê-los como aspectos importantes e valiosos da sua natureza. Isso possibilita que a Boa Moça seja honesta. O tipo Boa Moça muitas vezes não encontra motivação para mudar até que se canse de tentar provar o quanto é perfeita ou comece a se sentir sufocada atrás da sua máscara. Sem a máscara, a Boa Moça pode querer tomar posse do seu poder pessoal e vivenciar níveis mais genuínos e gratificantes de autoexpressão.

O Bom Moço

Como lhe falta coragem para pedir o que quer diretamente, o Bom Moço oculta os seus desejos por trás da desculpa de que está ajudando você. Amistoso, simpático, compreensivo e atencioso, o Bom Moço acredita que, se fizer você feliz, será feliz também. O Bom Moço é o amigo em quem todo mundo pode confiar, o treinador atlético da criançada, o líder sempre a serviço da comunidade. Ele pode até optar por ser professor, agente de seguros, pastor ou terapeuta, pois se sente à vontade em situações em que o centro das atenções são outras pessoas em vez dele mesmo.

Em algum momento da sua vida o Bom Moço decidiu que ser ousado e direto significava problemas, especialmente com as mulheres, por isso aprendeu a guardar as suas opiniões e emoções fortes para si mesmo. À medida que os anos passam, o Bom Moço descobre que não tem mais como extravasar os sentimentos e por isso ele está propenso a cometer atos passivo-agressivos e raros mas brutais ataques de raiva, cuja intensidade muitas vezes não condiz com a situação.

Quando tem chance e ninguém está olhando, o Bom Moço às vezes se compraz em fazer coisas não tão gentis. Cortar a frente dos outros motoristas, subornar o guarda, xingar a esposa ou os filhos sem que eles ouçam – até cultivar fantasias de destruição, terrorismo ou adultério – dão ao Bom Moço um alívio momentâneo à repressão da sua fachada.

A vergonha do Bom Moço

Sem força moral, prejudicial, egoísta, manipulador, um mau sujeito.

O desafio do Bom Moço

O desafio do Bom Moço é fazer as pazes com o seu eu cruel, zangado e às vezes mau. Como o Bom Moço viveu a vida toda sendo um escravo para obter a aprovação das outras pessoas, o seu desafio começa quando ele decide colocar as próprias preferências no topo da lista. O próximo passo evolucionário de todo homem que usa a máscara de Bom Moço é manifestar de maneira mais aberta os seus pedidos e desejos, em vez de esperar que eles sejam satisfeitos num passe de mágica, caso ele seja gentil o suficiente. O desafio maior do Bom Moço é perceber que ele não é tão gentil assim a ponto de devotar a própria vida aos outros, enquanto ignora a si mesmo. Depois que o Bom Moço percebe essa armadilha, ele pode canalizar a energia que focava nos outros na tarefa de fazer das suas necessidades a prioridade máxima e criar uma vida baseada na honestidade e no poder autêntico.

O Durão / A Durona

Um coração empedernido é o escudo do Durão ou da Durona para proteger a criança enraivecida que espreita por trás da sua fachada. Eles são muito frios para se importar com alguém, muito insensíveis para realmente se ligar a alguém. São predadores assumidos que usam a desculpa de que sofreram muito na vida, tiveram que se tornar adultos muito cedo ou lhe tiraram a sua dignidade quando eram crianças quando o acusam de serem rudes. Se houvesse um aviso tatuado na testa do Durão ou da Durona seria "Não se meta comigo!" Diferentemente dos Valentões, os Durões e as Duronas não têm a intenção de fazer com que as outras pessoas se sintam mal (embora muitas vezes façam exatamente isso); eles simplesmente querem ser deixados em paz e só investirão contra você se se sentirem ameaçados ou se você se interpuser no seu caminho.

Esses tipos estão frequentemente no gabinete do reitor, no tribunal ou atrás das grades, pois são rebeldes demais para obedecer às regras e por isso as violam sempre que sentem vontade ou necessidade. Se são do sexo masculino, eles se orgulham de ser "homens de verdade" e, se são do sexo feminino, a sua feminilidade é ocultada pelos sentimentos de impotência e uma tristeza profunda por aquilo em que tiveram que se transformar – e transformar as suas vidas. Eles muito provavelmente desde crianças sentiam vergonha de expor os seus sentimentos ou sensibilidades e por isso agora sentem como se a sua sobrevivência dependesse da rigidez do seu escudo.

A vergonha do Durão ou da Durona

Impotentes, fracos, carentes, vulneráveis, maus, uma decepção.

O desafio do Durão ou da Durona

O desafio do Durão ou da Durona é descobrir que sentimentos de vulnerabilidade e fragilidade eles estão tentando proteger por trás da fachada de durões. Embora essa máscara sirva para afastar pessoas e experiências potencialmente perigosas do ponto de vista emocional, ela também mantém o amor, o sucesso e a intimidade à distância, o que só aumenta o isolamento desse tipo de pessoa. Os Durões e as Duronas podem canalizar os seus impulsos protetores de maneira mais saudável estabelecendo limites que protejam os seus corações feridos, mas não os impeçam de vivenciar toda gama de emoções humanas – inclusive o amor.

O Agressor

Os Agressores são pessoas feridas e perturbadas cujo passatempo favorito e atividade extracurricular envolvem ferir as outras pessoas. Eles são cruéis, vingativos, cheios de ódio, controladores e manipuladores – os mais assustadores dos predadores. A maneira mais suave de descrevê-los é dizer que são pessoas profundamente feridas – como um animal poderoso que recebeu um tiro na perna. Os Agressores são destruidores psicológicos e emocionais. Sempre em busca da sua próxima vítima, para que possam se distrair da dor incomensurável e do profundo ódio que sentem por si nos recessos da sua psique, eles vivem com o sentimento de que são melhores, mais fortes e mais poderosos do que as outras pessoas.

O que faz o Agressor mais perigoso é a sua capacidade de se disfarçar usando qualquer combinação de máscaras que esconda a sua verdadeira natureza. Eles podem se disfarçar de policiais ou bombeiros, filantropos, líderes religiosos, filhos ou maridos prestativos, balconistas de supermercado ou bancários.

O Agressor encontra alívio extravasando nos outros o ódio que sente por si, por isso está sempre à espreita de pessoas de quem possa tirar vantagem, e ninguém é poupado da sua linha de fogo a não ser por um bom propósito. Se você tem alguma coisa que o Agressor queira, tome cuidado. Ele consegue deturpar a verdade melhor do que ninguém, chegando a convencer a si mesmos e aos outros de que está dizendo a verdade.

No seu livro *People of the Lie*, M. Scott Peck observa que "uma das características do mal é seu desejo de confundir". Os Agressores adoram virar a mesa, causar confusão e enganar as suas vítimas, levando-as a acreditar que você é que está com problema – ou pior, que você é quem pediu para ser enganado. Eles mentem e então o acusam de ser um mentiroso. Embora todos os Agressores tenham uma mente astuta, alguns partem para a agressão física. Para outros, a sua arma preferida é a língua, as técnicas comerciais enganosas, a capacidade insuperável de manipular a lei e suas presas. Eles acreditam que o mal que infligem aos outros é sempre culpa da vítima, o que torna quase impossível que o Agressor peça ou receba ajuda, mesmo quando se trata de uma ordem judicial.

A vergonha do Agressor

Covarde, ferido, impotente, falso, defeituoso.

O desafio do Agressor

O desafio do Agressor é reconhecer o estrago que as suas atitudes fazem na vida das outras pessoas e o mal que elas causam – o que é parte do problema, pois ou lhes falta consciência (um defeito na constituição dos Agressores) ou eles a enterraram há muito tempo. Para se curarem, eles precisam perceber que despejar o seu ódio sobre os outros pode aliviar momentaneamente a sua pressão interna, mas todo ato de agressão que eles cometem contra o outro acaba sendo um ato de agressão contra si mesmos. A única esperança de redenção é encontrar um poder maior que eles mesmos e pedir humildemente ajuda a esse poder. Eles precisam pedir perdão aos outros e a si mesmos. Precisam descobrir o seu próprio valor ou nunca se importarão com o mal que causam aos outros. Quando a violência interior contra eles mesmos cessar, eles também deixarão de agredir os outros.

O Eterno Otimista

O Eterno Otimista parece estar permanentemente drogado. Você sempre sabe quando eles entram na sala, pois são sempre sorridentes, simpáticos e um pouco ansiosos demais para se relacionar. A versão masculina pode lhe dar um abraço apertado ou longo demais e suas batidinhas nas costas podem deixar marcas na sua pele. Sempre relatando histórias engraçadas, contando piadas e pregando peças, ele pode sobrecarregar as crianças com sua exuberância excessiva.

Talvez você tenha conhecido uma Eterna Otimista no colegial, pois muitas líderes exuberantes de torcida usam essa máscara. Na idade adulta, essas mulheres sempre demonstram uma dose de energia acima da média em qualquer lugar que vão. A sua voz geralmente é um pouco mais aguda do que as outras e vários decibéis mais alta, e ela pode aparentar pelo menos dez anos menos do que a sua idade cronológica. Para o Eterno Otimista, ser feliz passou a ser um esporte de competição. Movidos pela necessidade de provar que eles são mais felizes, mais amigos e mais amorosos que qualquer outra pessoa, os Eternos Otimistas roubam o espetáculo e monopolizam qualquer conversa com suas respostas exageradas. Seja o que for que outra pessoa diga, eles dizem uma centena de vezes. Se algo é bom, trata-se do que há de melhor. Ao expressarem gratidão, não têm palavras para agradecer. Temendo não ser dignos de amor, se esforçam para viver com um sorriso no rosto e ser a alma da festa. Para esses tipos, ser uma pessoa simpática e agradável não é o suficiente; eles precisam superar você com o seu desempenho. Divertir é o compromisso número um do Eterno Otimista.

O olho treinado às vezes pode detectar as bordas da máscara do Eterno Otimista começando a se desfazer, o ouvido treinado consegue ouvir um matiz de stress por trás da risada forçada. Para aqueles que conseguem ver por trás da fachada, o Eterno Otimista parece falso e detestável. Outros podem achá-lo uma companhia exaustiva.

Mesmo quando dizem coisas tristes os Eternos Otimistas podem sorrir. A dose de alegria que eles se obrigam a expressar é proporcional à tristeza que ocultam dentro de si. Eles morrem de medo de que, se deixarem uma réstia de negatividade entrar em sua mente, isso os deixará no fundo do poço.

A vergonha do Eterno Otimista

Triste, resignado, pessimista, desesperançado, rejeitado, desesperado, mal-amado.

O desafio do Eterno Otimista

O desafio do Eterno Otimista é aceitar que a vida não é sempre um mar de rosas. A máscara do Eterno Otimista é dura de quebrar, pois muitos parecem felizes o tempo todo como se tivessem recebido uma medalha de ouro na vida. Esses tipos muitas vezes negam ferozmente que estão usando uma máscara. Para ajudar o Eterno Otimista a ver através da própria fachada, peço a eles que passem dez minutos por dia olhando no espelho enquanto demonstram o seu temperamento feliz como costumam fazer no dia a dia. Isso geralmente é o suficiente para que reconheçam o tênue véu que separa o seu verdadeiro eu da sua falsa persona. Por fim, o desafio dos Eternos Otimistas é ser quem eles são sem nenhum adorno e saber, no fundo do coração, que serão amados, aceitos e acolhidos pelo que são. Eles precisam passar algum tempo em silêncio para sentir a dor, o constrangimento ou o desconforto que mascaram com a sua falsa exuberância e dar permissão a si mesmos para descobrir quem realmente são.

O Intelectual

Conhecimento e informação são tanto a moeda quanto as armas dos Intelectuais. Essa máscara é criada devido a uma experiência precoce que os deixou com a crença de que eles são burros, pouco importantes e de algum modo insuficientemente bons. Emocionalmente mutilados e com medo dos próprios sentimentos dolorosos, aqueles que usam essa máscara protegem-se por trás de espessas camadas de superioridade e austeridade consigo mesmos. Embora possa ter ou não uma educação formal, o Intelectual é dotado de um raciocínio rápido e de uma grande capacidade de processar e digerir informações. Ele usa essas faculdades para manipular os outros e se considerar superior a eles, tratando muitas vezes seus pares aberta ou veladamente de maneira condescendente, depreciativa e desdenhosa. Esse comportamento se evidencia pelo hábito que ele tem de corrigir os amigos, a família ou os colegas de trabalho. Mesmo que o Intelectual não esteja fazendo isso em voz alta ou na frente da pessoa, podemos ter certeza de que está fazendo mentalmente, reparando na estupidez das outras pessoas e fazendo um extenso inventário dos seus erros e falhas. Eles são os sabichões virtuosos, sempre armados da sua arrogância intelectual.

Vivendo basicamente no mundo das ideias, os Intelectuais gostam de se considerar superiores ao mundo desordenado e caótico das emoções. Eles preferem se manter frios e indiferentes, confiando na lógica e não nos sentimentos na hora de agir ou tomar decisões. Eles raramente se envolvem em situações emocionais ou chegam ao ponto de perder o equilíbrio e a atitude indiferente. Em vez disso, o Intelectual prefere travar supostos debates em que enfatiza a racionalidade e a correção dos seus próprios pontos de vista, enquanto acusa as outras pessoas de estarem erradas por serem emocionais e irracionais. Não há como outra pessoa vencer esses debates, pois o Intelectual está sempre certo, tem sempre certeza e está sempre além de qualquer desafio. Ele é mestre na arte de interpretar os acontecimentos a seu favor e também na de distorcer os fatos; por isso, mesmo que se prove seu erro, o Intelectual consegue um meio de expor a situação de um outro ângulo e de acabar provando que tem razão, no final das contas.

Não espere se tornar muito íntimo daqueles que usam essa máscara. Nos relacionamentos, o Intelectual tende a manter o parceiro a certa distância – pelo menos emocionalmente. Incapaz de compreender os sentimentos (tanto os seus quanto os dos outros) e lidar efetivamente com eles, o Intelectual se mostra alheio e desinteressado. Às vezes ele pode demonstrar uma preocupação carinhosa, e até compaixão, contanto que se sinta sob controle e a salvo. Pode até expressar amor e admitir isso, mas esse amor normalmente se baseia num conjunto de construtos mentais e não numa ligação verdadeira com o outro. Mas, quando ameaçado de que rompam o seu verniz extremamente polido de Intelectual, ele logo se retrai por trás de uma fortaleza impenetrável de lógica mental. Depois que se convence de algo, para ele é difícil – se não impossível – mudar de opinião. O maior medo do Intelectual é que descubram que, por trás de toda a sua postura intelectual, ele não passa de mais um idiota neste mundo.

A vergonha do Intelectual

Não é bom o suficiente, sente-se inferior, temeroso, ameaçado pelas emoções, burro, idiota.

O desafio do Intelectual

O maior desafio do Intelectual é deixar de se fiar no baluarte seguro, nítido e rigidamente estruturado da mente racional e permitir se aventurar no mundo imprevisível, caótico, arriscado e muitas vezes assustador das emoções e do coração. O Intelectual precisa entender que o conhecimento é às vezes um prêmio de consolação e que a verdadeira intimidade e conexão emocional só são possíveis quando existe um equilíbrio entre a mente e o coração. Quando os Intelectuais saem da sua fortaleza mental e se abrem para as ideias e sentimentos dos outros, eles começam a desenvolver a verdadeira compaixão e intimidade.

O Salvador

O Salvador é o cuidador codependente clássico, o libertador que precisa ser necessário a todo custo. Desesperados para tornar a sua vida melhor, esses tipos estão convencidos de que sabem o que fazer e o que é melhor para você. *Se você pelo menos me ouvisse!* é sua maior queixa e maior frustração. Eles são os primeiros a oferecer conselhos, remédios e respostas para as complexidades da vida, e se orgulham do seu senso prático e da sua natureza amorosa e atenciosa. O Salvador está sempre à procura de alguém para corrigir, para confortar e para ajudar, pois se doar aos outros é a melhor maneira de garantir que ganharão algo em troca. Embora pareçam altruístas, os seus motivos são quase sempre egoístas.

A máscara do Salvador é quase sempre um artifício criado para a pessoa lidar com um lar problemático – alguma forma de abuso, de doença na família ou uma crise familiar. A pessoa que adotou essa máscara descobriu uma saída para fugir da dor, "não se deixando atingir por ela" – assumindo a responsabilidade por tudo e por todos e se esforçando ao máximo para melhorar as coisas. Ao assumir esse papel e aprender como dar o seu apoio às outras pessoas, o Salvador descobriu uma identidade segura e também uma maneira de não sentir a própria dor, mágoa e abandono. Profissionalmente, esse cuidador codependente pode se sentir compelido a atuar como enfermeiro, terapeuta, médico ou professor, pois essas ocupações atendem às suas razões e propósitos para viver – ajudar almas desafortunadas.

O Salvador se sente atraído pelos viciados em drogas, pelos alcoólatras e pelas vítimas – pois tem uma necessidade insaciável de se sentir útil. No entanto, quando se faz um exame mais atento, percebe-se muitas vezes que ele é um predador disfarçado, pois se vale das próprias pessoas que diz ajudar para se sentir melhor. Ele obtém uma sensação de importância cuidando dos outros e arrumando a bagunça da vida deles; continua a assumir a responsabilidade por aqueles à sua volta mesmo se isso lhe custar todo o seu tempo, energia e dinheiro. O Salvador acredita que, para ser amado, ele precisa sacrificar as suas próprias necessidades em favor de alguém mais necessitado.

Um jeito infalível de identificar a máscara do Salvador é perguntar-lhe sobre a sua vida. Ele muito provavelmente se definirá em relação àqueles que ajuda. Ele vive por intermédio de outras pessoas, vivendo mais a vida delas, sem cultivar a sua vida interior. Ele expressa a sua natureza sacrificada dedicando-se a uma causa que defenderá com unhas e dentes – o seu trabalho, a sua família, o cônjuge ou a pessoa amada.

A vergonha do Salvador

Carente, inútil, desesperado, abandonado, egoísta e inferior às outras pessoas.

O desafio do Salvador

O desafio do Salvador é perceber que a sua identidade foi construída com base no que ele dá e faz aos outros, e que ele tenta satisfazer as próprias necessidades por meio desse papel. O Salvador adora tempos de crise, drama e stress – qualquer situação em que possa ajudar as pessoas – e como resultado disso ele muitas vezes se vê em má situação ou num revés porque negligencia as próprias necessidades. Isso faz com que ele seja uma pessoa amarga e ressentida, pois nunca se sente suficientemente valorizado, cuidado ou compensado, depois de tudo o que ele faz pelos outros. O maior desafio do Salvador é admitir que ele dá para receber e que não é vítima daqueles de quem cuida. Quando assume a responsabilidade pela própria infelicidade e descobre o seu valor inerente, ele se sente livre para ter relacionamentos saudáveis, para estabelecer limites apropriados e viver uma vida da qual possa se orgulhar.

O Depressivo

O Depressivo é o mais triste de todos e o desânimo e a melancolia são as suas eternas companheiras. Sempre procurando o que há de errado em si mesmo e na sua vida, é mestre em internalizar e cultivar emoções tóxicas. Sua profunda decepção e raiva reprimida do mundo exterior e daqueles que o habitam são os acusados de destruir o seu ânimo de viver e os seus sonhos. Sem perceber, ele se agarra a um passado que o traiu e, nesse processo, se afasta de qualquer coisa boa que possa estar tentando irromper na sua vida. Assustado com o futuro e oprimido pelo medo de não conseguir dar conta dele, o Depressivo escolhe inconscientemente se ligar com a dor que conhece em vez de enfrentar a dor desconhecida que poderá sentir caso se abra para algo novo. Em outras palavras, o demônio que conhece é melhor do que o demônio que não conhece.

Os Depressivos são viciados em tristezas – o seu próprio questionamento negativo interior (que soa mais ou menos assim: *O que há de errado comigo? Por que eu? Pobre de mim. Eu não merecia isso. Por que nunca chega a minha vez?*) – e isso os leva a um círculo vicioso de dor e desesperança.

Os Depressivos acabam sendo vítimas dos outros porque reprimiram a sua verdadeira natureza e os seus instintos naturais e os trocaram por uma fantasia catastrófica e sem esperança, com um final infeliz. Machucados, cheios de cicatrizes e sem recursos para ajudar a si mesmos logo de início, eles começam o doloroso processo de rejeição e repressão. É fácil reconhecer um Depressivo, porque ele está sempre com um semblante entristecido, seus sorrisos são mínimos e não demonstra nenhum entusiasmo por nada. Como não acredita em recomeços nem em novas possibilidades, ele acha difícil deixar o passado para trás e seguir em frente. A certa altura da vida ele vendeu a sua alma para ser querido, amado, incluído ou acolhido pelas pessoas à sua volta, e não recebeu nada em troca. Na verdade, ele provavelmente já foi rejeitado, repudiado, maltratado ou traído. Até que ponto isso o deprimiu? Na cabeça dele, a vida se voltou contra ele e Deus não existe ou o abandonou. As suas emoções dolorosas foram fortes demais para que ele conseguisse digeri-las ou lidar com elas, por isso ele fez a única coisa que sabia fazer: ele as reprimiu, escondeu-as e retraiu-se dos olhos do mundo.

O Depressivo é assim – deprimente –, porque é incapaz de ver além do mundinho pequeno e sombrio que criou para si mesmo. As possibilidades que existem para o seu futuro são obscurecidas pela sua incapacidade de ver o que espera por ele além do confinamento em que a sua história triste o aprisionou. Desesperado e sozinho, ele lambe as próprias feridas e se arrasta pela vida cheio de dor e sem esperança, só tentando sobreviver.

A vergonha do Depressivo

Desanimado, magoado, rejeitado, abandonado, instável e desamparado.

O desafio do Depressivo

O desafio do Depressivo é reconhecer o diálogo interior negativo ininterrupto que ele ouve o tempo todo, dia após dia, e interrompê-lo. Ele precisa ter a coragem de enfrentar as suas emoções dolorosas e dar a si próprio permissão para expressar de maneira segura a energia vulcânica, negativa e tóxica que ele alimenta por baixo da superfície da depressão, que às vezes o leva a vivenciar o choque de um trauma anos depois de ele ter ocorrido. Dando a si mesmo a permissão para extravasar as suas emoções reprimidas, o Depressivo pode sentir mais uma vez todas as suas emoções, perdoar-se e seguir em frente. Ele precisa se esforçar para se cercar de pessoas positivas e criar uma nova visão para a sua vida. Dedicar-se a pessoas menos afortunadas pode ser a sua passagem para a liberdade.

O Piadista

O Piadista é o primeiro a fazer piada de uma situação séria, triste ou embaraçosa. Embora possa realmente ser dotado de um excelente senso de humor, aquele que usa essa máscara aprendeu a usar a comédia como um mecanismo de defesa, e agora essa é uma resposta instintiva sobre a qual ele tem pouco controle consciente. Sentindo-se profundamente desconfortável com a própria sensibilidade e apavorado com a possibilidade de que a intimidade leve inevitavelmente à rejeição, o Piadista sente-se impelido a dizer ou fazer qualquer coisa para amenizar a intensidade do momento. Como não se sente capaz de lidar com a ambiguidade das próprias emoções, ele tem dificuldade para estabelecer uma ligação verdadeira com as outras pessoas. As suas interações têm quase sempre o objetivo de atingir o seu propósito e fazer com que as outras pessoas o amem e o vejam como alguém natural e atraente para que ele possa ocultar o quanto se sente desconfortável.

Se às vezes o seu humor parece grosseiro, é porque não raro ele vive alheio ao ambiente ao seu redor e inconsciente da disposição daqueles à sua volta. Como só está preocupado em arrancar risadas, ele perdeu a capacidade de perceber se o seu comportamento é apropriado à situação. Quando consegue provocar uma reação – mesmo que negativa – da sua plateia, o Piadista se convence momentaneamente de que ainda está no controle e, portanto, seguro. A máscara social do Piadista pode ter se desenvolvido em decorrência do seu relacionamento com um pai ou mãe extremamente crítico, sério ou severo, quando na infância ele descobriu que ser divertido era um meio de receber amor e atenção.

Apesar da sua fachada descontraída, o Piadista é muito triste sob a sua máscara. Ele se esforça o tempo todo para conseguir o amor, a aceitação e a amizade daqueles à sua volta. Embora pareça feliz e bem adaptado, ele muitas vezes se sente dolorosamente inadequado. A verdadeira tragédia é que, mesmo quando o Piadista consegue conquistar a simpatia das pessoas à sua volta, ele nunca se sente visto ou apreciado pelo que ele é por trás da máscara. Todos ouvimos histórias sobre as vidas trágicas de algumas das pessoas mais engraçadas e divertidas da história. Na melhor das hipóteses, o Piadista é um artista e está sempre tentando adivinhar se as pessoas realmente o amarão quando o espetáculo acabar.

A vergonha do Piadista

Mal-amado, chato, sem valor, diferente, rejeitado, comum, falso.

O desafio do Piadista

O desafio do Piadista é primeiro perceber que a sua máscara na verdade não lhe garante o amor que ele busca, e que a sua necessidade mais profunda por ligações autênticas continuará insatisfeita enquanto a sua máscara estiver no controle. Ele precisa desenvolver autoconfiança para saber que se basta – que é uma pessoa adorável sendo ou não engraçado ou divertido. O seu desafio é se concentrar mais em ouvir do que em falar, para deixar que a sua autoexpressão apropriada e autêntica venha à tona. Acima de tudo, o Piadista precisa aceitar toda a gama de emoções que reside dentro dele; do contrário, a resistência e o desdém que sente com relação à sua própria humanidade farão com que ele volte a se esconder. Ele precisa buscar e encontrar o seu valor inerente, que independe do seu humor.

O Admirador

O Admirador anseia por um estilo de vida ostensivo e cheio de notoriedade, mas não tem talento ou carisma para criá-lo por si só. Por isso, ele se aproxima de pessoas que são amadas por muitos e desfruta, por tabela, da popularidade, fama ou notoriedade dessas pessoas. O Admirador ocupa qualquer posição de apoio de alto nível, como o de assistente pessoal, membro de comitiva, protegido, estudante apreciado, discípulo devoto, fã de banda de rock, assessor político ou mãe superprotetora de filho prodígio. Essas pessoas sentem-se irresistivelmente atraídas pelo brilho do outro e, embora já tenham dado o primeiro passo assumindo o papel de apoio, o que elas realmente querem é desempenhar seu próprio papel na peça. O Admirador é um predador que se alimenta do sucesso das outras pessoas.

O Admirador não quer apenas usufruir da fama do outro; ele quer roubá-la. O roubo de identidade é o seu desejo secreto. Consciente ou inconscientemente, o Admirador começa a imitar a pessoa que ele admira, adotando as crenças, os comportamentos e até os trejeitos ou estilo pessoal da pessoa que ele considera a sua fonte de poder. Ele pode ser pego revirando o escritório da pessoa quando ela está ausente, fazendo amizade com os amigos dela ou trocando informações com parceiros de negócios na tentativa de que logo descubram os seus talentos e o recompensem de acordo. Ele inicia o relacionamento de maneira carinhosa e solícita, mas a inveja do seu ego ferido o leva a ultrapassar a fronteira de uma amizade saudável ou relação de trabalho. Convencido de que perderá o poder, status ou oportunidades sem o endosso do seu ídolo, o Admirador se esforça muito para garantir que se tornará uma parte insubstituível da vida dessa pessoa.

O Admirador trabalha diligentemente e cheio de alegria quando está na presença de alguém que tem um status social mais elevado que o seu, mas pode se tornar rude ou condescendente com aqueles que ocupam uma posição inferior. Na verdade, a natureza dúbia dessa fachada é a sua marca mais característica. A maioria das estrelas do rock, dos atores, dos políticos e dos executivos bem-sucedidos tem um séquito de pessoas que os acompanham – seguindo em seu rastro, usufruindo das suas conquistas e sentindo interiormente como se fossem suas.

A vergonha do Admirador

Imprestável, inferior, pouco talentoso, inseguro, furtivo, nada especial e incapaz de ser o primeiro em coisa alguma.

O desafio do Admirador

O desafio do Admirador é sair da sombra da pessoa que ele admira e seguir o seu próprio caminho. Para tanto, ele precisa reconhecer as maneiras pelas quais tem se alimentado da energia da outra pessoa e a considerado como se fosse sua. O Admirador precisa finalmente pôr em risco a sua posição ao lado de alguém famoso para descobrir o seu poder autêntico. Precisa reconhecer que o seu papel como admirador é tão importante quanto o daquele que ele está servindo. A humildade precisa ser posta em prática se ele quiser curar a ferida profunda causada pela convicção de que não é uma pessoa boa o suficiente. Quando o Admirador passa a se respeitar, os outros também passam a vê-lo com mais respeito.

O Solitário

Morto de medo da raça humana, a pessoa que usa essa máscara de Solitário muitas vezes se recolhe em seu mundo interior, num frio isolamento, na tentativa de se proteger da sua dor oculta e evitar os seus problemas emocionais. Em vez de ser um participante ativo da própria vida, ele se refugia nos momentos agradáveis em que passa trabalhando, assistindo novela, distraindo-se com joguinhos de computador ou assaltando a geladeira. Reconheça isto ou não, a sua solidão o deixa vulnerável a obsessões e vícios que aliviam – pelo menos momentaneamente – a dor profunda de sentir que não tem lugar neste mundo, que nunca fará parte de algo maior e que sempre ficará de fora, apenas olhando.

Os Solitários são dominados pelo medo de serem inerentemente defeituosos, indesejáveis, insuficientemente bons, e de não servirem a propósito algum. Em algum momento, ao longo da sua vida, o Solitário decidiu que, se não se envolver, se não mergulhar de cabeça, ele não correrá o risco de sentir a dor dilacerante de tentar se entrosar e ser rejeitado. Os Solitários são muitas vezes obesos, têm uma saúde debilitada, vivem endividados, abusam do álcool e das drogas ou são viciados em compras, jogos ou em seus vibradores. Eles tendem a fantasiar para não ver o quanto anseiam por ligações de verdade.

O Solitário é aquele que fica retraído num canto, sempre à margem dos acontecimentos, tanto no trabalho quanto na vida pessoal. Eles podem tentar levar os outros ou eles mesmos a acreditar que estão envolvidos e conectados – seja fazendo uma aparição ocasional ou se posicionando ao lado de alguém mais bem relacionado. De qualquer maneira, o Solitário sempre deixa a porta dos fundos aberta para que possa fugir rapidamente para o seu mundinho particular, onde ele pode se sentir sozinho e seguro.

O Solitário pode fazer ares de importante, fingindo que a razão pela qual escolheu a solidão é o fato de ser melhor, mais inteligente ou mais evoluído do que aqueles à sua volta. Mas isso não passa de racionalização e uma mentira que o mantém à parte, olhando o mundo de fora, em vez de fazer parte dele.

A vergonha do Solitário

Inerentemente defeituoso, doentio, machucado, apavorado, rejeitado, mal-amado, sozinho.

O desafio do Solitário

O desafio dos Solitários é começar a admitir que estão, na realidade, totalmente sozinhos. A máscara que eles compuseram para não sentir a própria solidão na verdade os leva a uma reclusão e vergonha ainda mais profundas. Eles precisam ter humildade para reconhecer que não são nem melhores nem piores do que ninguém, e precisam ser suficientemente vulneráveis para procurar a companhia das outras pessoas e serem vistos por elas, mesmo que se sintam imperfeitos. Ao encarar os vícios que os mantêm sozinhos e cheios de vergonha, eles conseguem ignorar a voz que os adverte de que é mais seguro se retrair do que se entrosar. Grupos de apoio, uma igreja ou uma comunidade espiritual podem proporcionar ao Solitário a oportunidade de romper as suas barreiras e tentar se ambientar. Depois que se conectam com algo maior do que eles mesmos e descobrem que têm dons especiais e podem dar contribuições importantes ao mundo, eles não têm mais razão para se esconder.

A Vítima

A Vítima é a personificação do "Ai de mim!" "Não posso acreditar que isso tenha acontecido comigo" é o seu mantra. Eles escolheram o caminho doloroso da presa indefesa, incapaz de se libertar dos abusos – sejam os impingidos pelos outros ou por eles mesmos. Eles podem lamentar uma situação e, em vez de se afastar dela, procurá-la novamente para garantir que possam alimentar o seu vitimismo mais uma vez. A Vítima raramente vê como ela participa da criação do que você ou eu podemos considerar circunstâncias infelizes. Ferido quando ainda era bem jovem – e muitas vezes magoado pela pessoa que amava –, a Vítima sela o seu destino com a crença desalentadora e negativa de que é uma pessoa impotente e destituída de poder, e que a vida é dolorosa.

A atenção que procura com o seu vitimismo torna-se o seu compromisso inerente. Sentindo que não merece amor, apenas a piedade provocada pelo seu vitimismo, a Vítima está em constante estado de caos e se sente incapaz de qualquer coisa para afastar a sua má sorte. A piedade é algo que ela ao mesmo tempo adora e abomina. Ela a adora porque lhe confere a atenção de que tanto necessita e que não dá a si mesma, e a abomina porque a deixa em constante estado de stress e ansiedade por causa das circunstâncias adversas que parecem persegui-la em todo lugar. E só para o caso de você estar pensando que a Vítima anda rastejando por aí, desalinhada, ferida e maltratada, saiba que ela às vezes se disfarça como uma pessoa extremamente ativa e bem-sucedida, que parece ter tudo; todavia, a dor que ela sente interiormente lhe rouba a alegria dos seus sucessos. "Pobre de mim" é a marca que toda Vítima tem estampada na testa.

A vergonha da Vítima

Não merecedora de amor ou de felicidade, desamparada, triste, impotente, resignada.

O desafio da Vítima

O desafio da Vítima é assumir a responsabilidade pelas maneiras pelas quais participou – conscientemente ou não – dos acontecimentos infelizes da sua vida. Assumindo a responsabilidade por aquilo sobre o qual ela tem realmente controle, a Vítima começa a se ver como a dona do seu destino. Para perceber a máscara de Vítima, ela precisa ser honesta com relação ao que ganha usando-a e depois decidir por si mesma que a recompensa não vale mais a pena.

O Super-realizador

O Super-realizador é a pessoa mais dinâmica de todas que você conhece. Embora eles geralmente sejam bem-sucedidos, também estão sempre ocupados, sobrecarregados e cheios de compromissos. Orgulham-se da quantidade de projetos que são capazes de realizar de uma só vez e dos inúmeros compromissos e reuniões de que podem participar. São os campeões das multitarefas. Não importa o quanto fazem, isso raramente é suficiente para a sua avidez insaciável por sucesso – que é o combustível do seu ego ferido e depreciado. Os seus sentimentos de desvalor os levam a querer vencer a todo custo, mesmo que isso signifique prejudicar outra pessoa. As realizações no mundo exterior são o padrão pelo qual eles calculam o seu valor interior.

Os Super-realizadores geralmente sofrem de autoimportância e egomania – um sinal claro da sua natureza predatória. Eles são realizadores ávidos por resultados e não aceitam um não como resposta – nem deles mesmos nem dos outros. São perfeccionistas cujo desdém pela mediocridade faz com que monitorem até os menores detalhes e se tornem excessivamente controladores. Infelizmente, para aqueles que convivem com eles, os Super-realizadores são muitas vezes ríspidos, críticos, impacientes e têm tendência a censurar todas as pessoas que gravitam em torno de si para se aproveitar das migalhas do seu sucesso. Poucos conseguem resistir à sua grande energia e, menos ainda, acompanhar o seu ritmo frenético.

Os Super-realizadores se sentem no direito de receber um serviço melhor, de ter um estilo de vida melhor e de obter mais benefícios daqueles cujos negócios eles financiam, e em resultado eles muitas vezes têm expectativas irreais e dificuldade para compreender o estilo de vida das pessoas comuns.

Insatisfeitos e inseguros interiormente, esses tipos não conseguem se sentar nem por um instante. No melhor dos casos, eles são gênios criativos de ampla visão. No pior, são pessoas com sede de poder, que buscam a próxima vitória a qualquer preço.

A vergonha do Super-realizador

Desvalorizado, inferior, entediado, mediano, inútil, assustado.

O desafio do Super-realizador

O desafio do Super-realizador é parar de definir quem ele é com base no que faz. Quando começa a dar mais valor à sua qualidade de vida do que às suas realizações, ele aprende a parar e colher os frutos do seu trabalho, em vez de buscar insaciavelmente por mais. Tão logo o Super-realizador percebe que "fazer mais" não impede que seja uma pessoa mediana, ele se sente livre para vivenciar o momento – não como uma medida do seu valor, mas como uma oportunidade para aproveitar e alegrar a vida. O Super-realizador precisa descobrir o seu valor inerente e ser simplesmente quem é, sem precisar das suas realizações para se sentir valorizado.

Desmascarando o seu eu autêntico

Será que você está começando a ver a sua máscara? Enquanto continuar enfiado no disfarce ultrapassado e sufocante que criou quando tinha 10, 18 ou 21 anos, você terá que gastar o dinheiro que não tem e cultivar relacionamentos que o magoarão. Você torturará emocionalmente os seus filhos para que sejam submissos, ouvirá o seu diálogo interior desmoralizante, falsificará seu currículo profissional, fraudará os relatórios de despesas, fará sexo com pessoas que não conhece direito ou não ama, enganará as pessoas que o amam, investirá contra os mais fracos que você e inflará as suas penas, fingindo ser alguém que você não é. Enquanto não admitir as suas falhas, fraquezas, mágoas e preconceitos, você revelará sem querer os seus preconceitos raciais, gastará todo o seu dinheiro no jogo, destruirá a sua carreira, magoará o seu parceiro, detonará os seus negócios e dará aval àqueles à sua volta que estão fazendo coisas ruins.

Se você insistir em viver como uma expressão menor do seu eu eterno, terá que se esforçar cada vez mais para encobrir todos os sentimentos que contrariam a fachada que optou por mostrar. Você terá que sorrir quando não tiver vontade, fazer coisas que odeia, manter-se calado quando tiver vontade de botar a boca no trombone, fingir que está bem quando se sentir péssimo, comprar o amor das pessoas para que elas não se afastem de você, obrigar-se a fazer coisas que comprovam a sua burrice, tirar vários diplomas para provar a sua inteligência, usar roupas muito justas para chamar atenção, conversar com pessoas tediosas para convencê-las de que você é uma pessoa atenciosa, enganar as pessoas para se convencer de que é bem-sucedido, fingir que você é bom e honesto mesmo que seja um cafajeste, continuar num emprego detestável com pessoas que você não suporta, entregar-se a vícios que destroem o seu ânimo de viver, traumatizar aqueles à sua volta e sentir a dor de ser o seu pior inimigo.

Então você está agora no ponto em que precisa escolher que caminho vai tomar. Vai tirar a máscara que está usando? Ou simplesmente vai consertá-la, passar um batom nela, injetar um pouco de esperança, adorná-la com novas roupas – em outras palavras, enfeitá-la? Ou você optará por desmantelar, de maneira diligente e metódica, aquilo que o está impedindo de vivenciar toda a expressão tanto da sua humanidade quanto da sua divindade? A maioria de nós está simplesmente se esforçando para que a sua máscara se ajuste um pouco melhor, perguntando-se se um novo penteado, um novo emprego, um novo amante ou mais dinheiro farão com que se sintam melhor. Mas ainda estamos simplesmente tentando nos sentir melhor com uma máscara!

Para tirar a máscara que usamos há anos e optar pela expressão maior do nosso eu autêntico, precisamos estar dispostos a expor a vergonha e o medo que serviram de alicerce para a fachada que mostramos ao mundo. Temos que nos dispor a identificar a nossa vergonha e o nosso medo pelo que eles são: sentimentos que se voltaram contra nós. Temos que desistir de tentar satisfazer a fome insaciável do ego ferido e abrir a porta para os reinos inexplorados da realidade que podemos ter ignorado ou fechado muitos anos atrás.

A descoberta de que não somos quem pensávamos ser é uma conquista difícil de que só os corajosos são capazes. O que geralmente precipita a descoberta do nosso falso eu é, na maioria das vezes, um ataque brutal do mundo exterior. Alguém que se volta contra nós, mente para nós ou nos trai. Alguém que rouba as nossas ideias, tira vantagem da nossa boa índole ou tira o que é nosso por ganância ou inveja. Talvez o acontecimento exterior tenha sido causado por causa da nossa própria subserviência, a nossa ânsia por mais ou a nossa sede de poder ou prestígio. Talvez o nosso corpo tenha se voltado contra nós, deixando-nos impotentes para manter a fachada da falsa persona.

Para transcender o falso eu, curar o ego ferido e nos tornar, por fim, seres integrados, precisamos romper a teia de mentiras que deu origem ao nosso falso eu e nos afastar da máscara que construímos para nos entrosar, fazer parte e ser amados. Depois que formos capazes de identificar as crenças que a construíram, veremos que a nossa máscara é simplesmente uma parte da história do nosso ego ferido. Então, depois que virmos o que há por trás da fachada da nossa própria máscara, começaremos a reconhecer as máscaras que as outras pessoas também usam. Só com essa capacidade podemos nos proteger e nos manter a salvo da dor.

O meu amigo Jorge uma vez me contou sobre uma antiga religião africana que recomenda aos seus membros que pendurem uma máscara num local visível perto da entrada da casa. Esse costume serve como um lembrete de que as pessoas entram na nossa vida sob uma variedade de pretextos. Acredita-se que essa máscara seja um símbolo que nos ajuda a nos reconhecer e nos proteger contra aqueles cujas intenções sejam tomar de nós em vez de dar, ou que não nutrem por nós verdadeira amizade nem têm boas intenções. A máscara pendurada na entrada da casa nos lembra de olhar além da fachada exterior de todos que entram na nossa vida e ver a verdadeira natureza da pessoa que se esconde por trás dela.

Mas também precisamos estar atentos aos nossos motivos ocultos e à máscara que criamos para escondê-los. Não é nada fácil encarar a verdade mais profunda de que estamos vivendo a falsa expressão de um eu maior e muito mais amplo. Mas, na verdade, as dádivas que acompanham o rompimento das amarras do falso eu valem o desconforto que temos de enfrentar quando retiramos as camadas de mentiras, distorções, falsas concepções e negações que mantêm a máscara das personas que construímos. O nosso desafio, e oportunidade, é despertar do transe do falso eu que nos impede de sentir a amplidão ilimitada da nossa expressão verdadeira e autêntica.

9

DESPERTANDO DA NEGAÇÃO

Para decodificar o falso eu e identificar a máscara que você usa dia após dia, ano após ano, você precisa despertar do transe da negação. A coragem para se libertar da negação do seu ego ferido e olhar-se de frente lhe dá a capacidade de reconhecer os seus sentimentos, fraquezas e falhas vergonhosas, e também de aproveitar os seus dons e pontos fortes.

Embora a maioria de nós nunca tenha pensado seriamente nisso, a negação não é uma piada. Trata-se de um mecanismo do nosso ego que pode literalmente acabar com a dignidade e a capacidade de criar a vida que queremos. A dor é um catalisador que desencadeia a negação. Quando as feridas coletivas do nosso passado se tornam profundas demais para o coração suportar, ligamos uma tomada interior chamada "negação". Ela não é diferente da tecla "hibernar" do nosso computador: o computador continua ligado, mas operando no modo de economizar energia. Da mesma maneira, a negação preserva temporariamente os nossos recursos, pois ela nos entorpece, impedindo-nos de sentir e evitando que tenhamos de lidar com as emoções dolorosas que se ocultam por trás da negação. A negação é como uma película muito fina, uma camada de consciência que reprime os pensamentos e sentimentos dolorosos e nos permite ver através de lentes que nos impedem de ver o quadro todo. Como as viseiras que colocamos nos cavalos de corrida, para que eles não se deixem distrair pelo que acontece à sua volta, a negação nos cega para o que está realmente acontecendo tanto fora quanto dentro de nós. Quando estamos em negação fazemos justamente isso – negamos o que se passa à nossa volta, negamos a realidade da situação, negamos os nossos instintos e pensamentos sobre a situação, negamos os nossos sentimentos e negamos as consequências das nossas ações e omissões.

 A negação é uma função brilhante da psique humana. Todos nós nascemos com esse mecanismo de defesa que nos protege de vivenciar os recessos mais sombrios e profundos da nossa dor. Quando estamos sobrecarregados demais, quando a dor é tão grande que ameaça a nossa saúde emocional e psicológica, esse mecanismo de defesa da nossa estrutura egoica é automaticamente ativado. Quando a dor é maior do que podemos suportar, quando não temos recursos para lidar com os traumas de uma determinada situação, nós automaticamente ligamos o modo negação. Não há nada que possamos fazer para desativar esse mecanismo, nem seria desejável que fizéssemos isso; ele faz parte da nossa estrutura humana por um excelente motivo: existe para nos proteger. Ao percebermos que fomos ludibriados, enganados, usados, passados para trás, feitos de bobo, iludidos ou trapaceados – ou que fizemos uma dessas coisas inconscientemente com outra pessoa –, a nossa profunda vergonha e as nossas emoções mais dolorosas vêm à tona. Para alguns de nós, esses sentimentos são tão horrivelmente dolorosos que o único jeito de lidarmos com eles é entrar no estado de negação. Resistimos a aceitar a verdade da situação porque a dor de admiti-la é intensa demais no momento. Negamos a realidade exterior na esperança de que assim podemos de algum modo torná-la diferente do que é. Oscilamos entre os momentos cheios de dor, em que a verdade da situação se infiltra em nossa consciência, e os momentos cheios de fantasias, alimentados pela nossa negação. Mesmo que saibamos que a negação só prolonga o drama, o trauma e a dor, os momentos de conforto que desfrutamos no estado de negação valem a pena. A negação serve como um escudo, que nos protege da devastação que ainda não somos capazes de processar.

Em sua função mais elevada, a negação serve para nos proteger da dor. No entanto, para o nosso próprio detrimento, ela também nos cega, impedindo que vejamos a nossa própria natureza destrutiva, que inevitavelmente nos causa mais dor. Trata-se de outro grande paradoxo da vida. Por um lado a negação nos propicia um refúgio temporário da dor e nos ajuda a lidar com circunstâncias terríveis e, por outro, ela nos impede de ver os nossos comportamentos autodestrutivos. A negação saudável ajudou milhões de judeus na Alemanha nazista a enfrentar o terror inimaginável do seu dia a dia. Na realidade, quando a negação não é suficiente para amortecer o choque causado pelas atrocidades à sua volta, muitos preferem se matar a suportar o tormento. Uma criança que é molestada, uma mãe obrigada a testemunhar a doença e a morte de um filho, um homem que perde o emprego em meio a uma depressão econômica, uma mulher que é enganada pelo homem que ama, alguém que teve diagnosticada uma doença fatal, um homem que perde a esposa depois de cinquenta anos de casamento, alguém cuja cidade foi bombardeada ou devastada por um furacão – todas essas situações e outras da mesma magnitude provavelmente desencadeariam a negação saudável, necessária para suportar uma experiência devastadora.

Embora a negação muitas vezes nos induza a ficar na mesma situação ruim, ela também nos dá uma oportunidade para ajustar realidades dolorosas e indesejáveis das quais não podemos ou achamos que não podemos escapar. Quando constatamos que alguém está nos prejudicando intencionalmente, a negação se torna um mecanismo de sobrevivência básico. Escondendo a profundidade da nossa dor, a negação nos dá esperança de que as coisas melhorem. Mas para evitar os seus efeitos potencialmente destrutivos, temos de reconhecer que o mecanismo de negação, quando desencadeado, é um sinal de sofrimento, uma sirene que indica problemas, assim como um alarme de incêndio. O nosso sistema interno está enviando uma mensagem de que estamos em apuros e precisamos de ajuda.

A devastação da negação

Assim como a negação saudável pode nos ajudar e proteger, a negação doentia nos transforma no nosso pior inimigo. A negação doentia é ativada quando a usamos como uma saída fácil, quando não estamos dispostos a enfrentar uma verdade em particular sobre o que está acontecendo à nossa volta ou na nossa vida. A negação é ativada quando a realidade exige que façamos uma mudança desconfortável na nossa vida que não queremos fazer. É assim que somos concebidos, para o bem (quando a negação nos protege de sentir todo o impacto de uma circunstância terrível como, por exemplo, quando o nosso cônjuge nos troca pela nossa melhor amiga) ou para o mal (quando a negação nos impede de confrontar o nosso vício em jogos de azar por computador e dez anos depois descobrimos que estamos com os bolsos vazios, endividados e vivendo uma crise conjugal). Vejo isso todos os dias. Quantas pessoas sabem, anos antes de uma explosão de raiva, que deveriam ter lidado com os seus problemas relacionados a jogos, sexo, drogas, álcool ou desonestidade, ou com os problemas de comportamento dos filhos? Na maioria dos casos, a negação chega na forma de uma boa amiga e acaba se transformando numa inimiga. Deixe-me explicar.

Na época em que Lynn descobriu que estava com um homem que levava uma vida dupla, ela já estava perdidamente apaixonada. Ele a tinha conquistado, conhecido a família dela e os amigos, se infiltrado nos seus negócios e se tornado parte integrante da sua vida. Lynn era uma bem-sucedida mulher de negócios que, na época, estava em meio a grandes projetos que a deixavam sobrecarregada. Todo dia ela tinha que matar um leão para garantir a sua sobrevivência em vez de viver a vida mágica que acreditava ter criado. O seu medo de não dar conta de tudo fez com que ela entrasse em estado de negação com respeito ao que acontecia na sua vida pessoal. Ela queria desesperadamente acreditar que sua realidade manufaturada era a verdade; por isso, quando surgia alguma coisa que contradizia essa realidade, ela rapidamente a escondia, justificava ou descartava – as três atitudes de negação.

Como sempre acontece, no momento em que Lynn deixou de dar ouvidos à sua intuição e optou por olhar para o outro lado, ela deixou de confiar em si mesma. Traindo os seus próprios instintos, ela prejudicou a sua capacidade de ver com clareza, entrando num estado cada vez mais profundo de negação com respeito ao que realmente acontecia na sua própria casa. Dez anos depois, após deixar todas as suas finanças nas mãos do homem que agora era seu marido, ela descobriu que ele não era, na verdade, quem tinha dito que era. A negação pode tê-la poupado da decepção a princípio, mas o preço que ela teve de pagar depois, quando descobriu que ele havia limpado a sua conta bancária, foi muito mais alto.

Depois que damos as costas e recusamo-nos a reconhecer a verdade estampada diante dos nossos olhos, não conseguimos mais distinguir a realidade das nossas circunstâncias presentes do que queremos acreditar que seja verdade. A nossa mente já não é mais capaz de ver o que é correto. A nossa psique normalmente opta pela realidade mais fácil de encarar do ponto de vista emocional. A nossa negação é acionada, sobrepondo-se aos instintos e aos melhores julgamentos. As emoções dolorosas que vêm à superfície quando começamos a aceitar a realidade da nossa situação são encaradas como intrusas indesejadas. E como a maioria dos bons seres humanos, não fazemos nada para evitar o poço escuro das emoções negativas, adormecido dentro de cada um de nós.

A maioria das pessoas não só nega as situações presentes, mas também algum aspecto do passado. Podemos negar a rigidez com que éramos tratados na infância – bloqueando o que não fomos capazes de conseguir e nos concentrando no que fomos. Essa forma de negação é um mecanismo de sobrevivência idealizado para nos elevar acima da dor sentida pelo nosso coração jovem e sensível. A menos que os atos de violência contra nós tenham sido realmente horrorosos ou ultrajantes, nós iremos, muito provavelmente, minimizar os prejuízos que nos causaram aqueles que amamos, aqueles que nos amaram e aqueles que tiveram acesso a nós ao longo da infância. Justificaremos o comportamento dessas pessoas porque reconhecê-lo em sua inteireza seria o equivalente a dar a nós mesmos a compaixão que merecemos por direito próprio – que pode ser a mais difícil tarefa que podemos empreender. Embora muitos de nós já tenham reconhecido a dor do passado, se ainda estamos nos condenando por meio da autossabotagem (em pelo menos um aspecto da nossa vida), do vitimismo ou da insistência num padrão emocional obsoleto que nos rouba a alegria e o contentamento, o nosso desafio é mergulhar mais fundo dentro de nós. O mais provável é que esses padrões sejam o resultado de alguma dor que ainda negamos.

A verdade é que a maioria de nós culpa os outros pelo sofrimento e infelicidade constantes que sentimos no dia a dia, seja por vontade própria ou não, seja conscientemente ou não. Mas, se estamos nos autossabotando – destruindo os nossos sonhos, agindo de maneiras pouco apropriadas ou se percebemos que estamos sempre nos deixando afetar pela autossabotagem de outra pessoa, isso é sinal de que provavelmente cultivamos algum ressentimento profundo que estamos negando.

Se quisermos ter alguma esperança de nos libertar do transe da negação, precisamos primeiro aprender a distinguir sua voz interna sedutora. Essa voz – embora possamos afirmar o contrário – não varia de pessoa para pessoa. A voz da negação daqueles que são vítimas, que são presas de outras pessoas, é mais ou menos assim: *Não é tão ruim assim. Podia ser pior. Devo ter feito alguma coisa errada. Ele/Ela não pode estar fazendo isso comigo. As coisas vão ser diferentes. Eu posso mudar isso. Talvez tudo mude naturalmente. Eu posso dar um jeito. Sei o que estou fazendo. Deve ser culpa minha. As pessoas são assim mesmo. O que eu posso fazer?*

A voz da negação do vitimador, do predador, de alguém que nega o mal que está fazendo ao outro, é também universal. Ela soa assim: *Eles merecem. Não deviam ter mexido comigo. Estavam pedindo por isso. Ninguém vai saber. Ninguém vai descobrir. De qualquer maneira, não importa. Não tinha outro jeito. As regras não se aplicam a mim. Se não fosse eu, seria outra pessoa. Tenho todo o direito de fazer isso porque eles me maltrataram quando eu era criança. Cada um por si. É assim que as coisas funcionam.*

A voz da negação da pessoa se autossabotando pode parecer assim: *Cuido disso mais tarde. Está tudo sob controle. Só mais uma vez. Só um pouquinho não vai fazer mal. Dou um jeito de arrumar tudo amanhã. Isso me faz bem. Pelo menos não sou tão ruim quanto algumas pessoas. Não tenho tempo. Isso pode esperar.*

As águas escuras da negação nos fazem acreditar nos nossos pensamentos mesmo quando as outras pessoas estão tentando nos fazer despertar para a verdade. A negação nos coloca num estado semelhante a um transe, razão por que ela parece tão real e por que é tão difícil nos libertarmos dela. Esse é o estado de consciência mais difícil de identificar, pois a sua própria função, a sua tarefa, é nos convencer de que não estamos nele! Mas depois que nos tornamos totalmente conscientes da função da negação – para nos defender de ficarmos mais traumatizados ainda –, percebemos que a sua tarefa *não* é nos dar mais clareza, mas fazer justamente o oposto. Trata-se de uma defesa brilhante. Ela nos cega para a verdade mesmo quando essa verdade está nos ferindo ou ferindo outras pessoas.

Perpetuando a negação

Num estado de negação, não conseguimos admitir o quanto estamos feridos nem admitir para todos as maneiras pelas quais fomos violentados ou violentamos os outros. A negação e as justificativas para o mau comportamento das outras pessoas se manifestam de muitas formas. A justificativa mais espiritualista do século XX era "Eles fizeram o melhor que podiam". Será que isso é sempre verdade? Será que todos os pais, irmãos, parentes, professores, vizinhos, amigos, organizações religiosas e a sociedade em geral realmente fazem o melhor que podem? Talvez eles só tenham feito conosco o que fizeram com eles. Talvez não soubessem fazer melhor. Talvez a ignorância não seja realmente um crime.

Mas eu lhe pergunto: se você tirar de uma criança o direito de ser criança, de viver a sua inocência, de aproveitar o momento, de se expressar (contanto que ela não esteja prejudicando ninguém, é claro), isso não poderia ser considerado um crime? Por que deixamos que crimes contra o espírito sejam cometidos impunemente? Por que negamos a profundidade do abuso emocional, psicológico e espiritual que é perpetrado todos os dias? Será que eu posso lhe dizer por quê? Porque se não o negássemos, muitos de nós acabariam atrás das grades, simplesmente pelo modo como tratamos a nós mesmos. É uma dura realidade para a qual precisamos despertar. Vivemos num transe coletivo em que não há nada errado em malhar a nós mesmos, os outros e o mundo como um todo. E o preço desse transe coletivo, do qual ninguém fala, é que ele perpetua o ciclo de dor e vitimização. Continuamos sendo os nossos piores inimigos e vivendo na ilusão de que não podemos fazer nada quanto a isso. Se não despertarmos, continuaremos a culpar os outros pelas nossas fraquezas e delitos. Continuaremos a negar o poder e a importância do nosso comportamento para o mundo à nossa volta. E o que é pior, seremos incapazes de responsabilizar os outros pelas suas atitudes, porque não desejaremos nos responsabilizar pela parte que nos cabe na destruição do espírito humano. Por isso o adágio: "Não conto nada se você também não contar". Vamos continuar voltando as costas para nós mesmos e para os outros, porque nos sentimos impotentes para fazer algo que acabe com esses ciclos intermináveis de abuso. Então, com os olhos fechados, tornamo-nos parte da própria dinâmica que nos feriu e não enxergamos as maneiras pelas quais participamos desse abuso. Não só participamos da morte do espírito de outras pessoas, como nos tornamos o mandante da nossa própria morte – emocional, psicológica, física e espiritual. Adotamos sem saber as crenças dos nossos algozes e depois levamos adiante o seu comportamento, até não ouvir mais a voz da nossa verdadeira essência nem reconhecer a nossa grandiosidade.

Participamos da destruição do nosso próprio espírito ao ouvir as mensagens internas negativas e prejudiciais que nos enfraquecem e envergonham vezes e vezes sem conta. Participamos dessa destruição assumindo a responsabilidade por crimes contra nós mesmos que nada têm a ver conosco. Participamos roubando-nos a nossa expressão mais elevada, ocultando os dons dados por Deus, guardando para nós as opiniões e acreditando nas mensagens vergonhosas da nossa mente tóxica e perturbada. Participamos ingerindo alimentos que nos deixam doentes e medicamentos (prescritos ou não) de que não precisamos. Participamos isolando-nos e mantendo distância daqueles que amamos ou que nos amam. Fazemos isso negando a nossa sexualidade e depois agindo de maneiras impróprias ou exibindo comportamentos sexuais nocivos, como trair o parceiro, fazer sexo com alguém que mal conhecemos, consumir pornografia (inclusive com crianças) e demonstrar outros desvios sexuais. Fazemos isso focando toda a nossa preciosa energia na vida dos outros em vez de nos concentrar na nossa. Fazemos isso desperdiçando a vida com fofocas e publicações sensacionalistas. Fazemos isso nos comparando com as outras pessoas e enfocando imagens e objetivos inatingíveis. Fazemos isso nos sobrecarregando de compromissos ou assumindo responsabilidades demais. Fazemos isso não acabando o que começamos ou nem chegando a começar o que sonhamos fazer. Fazemos isso negando os sonhos e mantendo empregos que detestamos. Fazemos isso negando-nos a reconhecer tudo o que fazemos e tudo o que somos. Toda vez que participamos do assassinato do nosso eu mais magnificente, perpetuamos a vergonha que norteia os nossos comportamentos e, por fim, a nossa vida.

Participamos da morte do nosso espírito perpetuando as mentiras que nos pregaram de tantas maneiras – mentiras sobre nós mesmos em que acreditamos. Mas é hora de você se libertar da negação e começar a falar a verdade. As suas crenças, até as mais entranhadas na sua psique, não são *a* verdade; elas são *uma* verdade – e também podem ser uma mentira. É uma mentira quando você se recusa a ver o quadro todo e quando você nega que está vendo só uma parte do quadro e não o quadro inteiro. É uma mentira quando você se fecha para outras realidades e fica paralisado numa meia verdade ou numa perspectiva limitada. Isso é negação!

As situações do passado fizeram com que cada um de nós acreditasse em muitas mentiras a seu respeito. Talvez você fosse gordinho no colegial e costumasse ser a última pessoa escolhida para fazer parte dos times. Naquele momento, sentindo vergonha por não ser bom o suficiente, você pode ter acreditado sem querer numa mentira sobre si mesmo. A tomada da negação foi ligada e impediu-o que enxergasse a parte do seu ser que *é* boa o suficiente. Talvez a sua mãe tenha saído de casa quando você tinha 3 anos de idade e você tenha acreditado que ela o deixou porque você não era uma pessoa digna de amor. Então, não importa o quanto as pessoas tentaram amá-lo, você não deixava que elas se aproximassem de você, pois já acreditava nessa mentira, uma meia verdade fruto de uma perspectiva limitada que o deixou preso a uma negação a respeito de alguma parte do seu ser. É hora de reconhecer essas mentiras pelo que elas são e abrir os olhos para a verdade mais profunda: as crenças são simplesmente isto – crenças. As nossas crenças foram escolhidas por nós e impregnaram a nossa psique. Não importa se as herdamos dos nossos pais, professores ou líderes religiosos. Precisamos entender que nós as temos e que elas são apenas uma parte de nós e parte da verdade sobre quem somos. Não temos que desperdiçar o resto da vida em negação, sendo impulsionados por crenças limitadas que interferem na alegria, no estado de bem-estar, no sucesso e na nossa mais elevada expressão. As crenças de que não somos o suficiente, de que existe algo errado conosco, de que somos defeituosos e não merecemos viver uma vida plenamente expressa são apenas algumas das mentiras coletivas que alimentam o nosso corpo da vergonha. Essas mentiras que contamos a nós mesmos nos envergonham, confirmando a inverdade segundo a qual somos, na realidade, os sujeitos malvados que não merecem ter amor, dinheiro, saúde ou felicidade.

Perpetuamos essas mentiras toda vez que nos fazemos de vítimas e não temos força para nos levantar e gritar: "Não vou mais engolir essa. Não vou mais ouvir as mensagens negativas do meu passado. Não vou mais permitir esse abuso, nem vou mais abusar dos outros". Sim, precisamos de ajuda, pois não podemos mudar o que aconteceu conosco dez, vinte ou trinta anos atrás, nem o que aconteceu há dois meses. Somos aqueles que precisam estar dispostos a pagar qualquer preço para se libertar do transe da negação. Até que façamos isso, a dor que não estamos dispostos a reconhecer e sentir não deixará que enxerguemos a máscara do nosso ego ferido e, portanto, as nossas limitações.

A nossa única opção, se quisermos ter consciência do que realmente está acontecendo à nossa volta, é checar constantemente nós mesmos e os outros, pedir-lhes uma opinião honesta e procurar saber se estamos escondendo ou evitando algo, nos nossos armários interiores. Precisamos estar dispostos a fazer escolhas difíceis, a aceitar as nossas próprias limitações e a pedir ajuda quando necessário. Se não nos dispusermos a ser rigorosos, não há esperança de que vivamos uma vida autêntica, repleta de paixão e que preencha a nossa alma.

Autorizando a negação

Quando estamos em negação, não temos condições de ver o quanto os nossos comportamentos são inadequados – como na saga de Michael Jackson: um homem adulto que convidava crianças para dormir com ele em sua cama, com a autorização dos pais. Ele não via nenhum mal nessa atitude, mas outras pessoas certamente viam.

Quando uma ou mais pessoas compartilham uma negação, coisas ruins quase sempre acontecem. As pessoas que estão agindo de maneira destrutiva ou prejudicial podem se sentir à vontade para continuar agindo dessa maneira por meses ou anos, respaldadas pela nossa negação com respeito ao que estão fazendo. Se estamos negando, racionalizando ou ignorando as ações daqueles que ferem pessoas inocentes, somos cúmplices desse crime. Quantas vezes não percebemos que coisas ruins estão acontecendo aos nossos vizinhos ou a pessoas queridas, mas viramos a cabeça para o outro lado ou achamos que isso não é da nossa conta? A negação argumentará que os problemas das outras pessoas não têm nada a ver conosco – que somos pessoas de bem cuidando da própria vida. A negação nos convence de que estamos fazendo o melhor possível para cuidar da nossa vida e de que seria um grande inconveniente ter que parar para ajudá-las.

Repito que é muito fácil apontar o dedo para os outros em vez de enfrentar a situação e admitir que às vezes os problemas das outras pessoas são nossos também. Eis aqui alguns exemplos excelentes: um jovem de boa família está se comportando mal, consumindo drogas e arranjando encrenca. Quando os pais descobrem, correm para ajudá-lo, horrorizados e cheios de medo, para tentar proteger o filho. Eles podem colocá-lo numa terapia, mas não veem necessidade de fazê-la eles mesmos. Eles não têm tempo para refletir sobre os próprios problemas, pois negam que os problemas do filho têm algo a ver com eles. O rapaz continua a causar preocupação, enganando pessoas, causando estragos na casa de amigos e persistindo no mesmo comportamento. Nada que o pai ou a mãe diga parece ajudar o filho. Então, a certa altura, os pais decidem que vão simplesmente amá-lo do jeito que ele é. Agora eles estão firmemente apegados a uma realidade que eles creem seja coerente com a de "bons pais" e estão em completa negação com respeito à dor que o filho causa em outras pessoas. A cada nova situação que eles descobrem, continuam a negar o mal que o filho está causando aos outros e aos poucos começam a racionalizar, perguntando-se por que o filho é tão problemático. Essa racionalização permite o surgimento de outro tipo de negação, de modo que eles não tenham que sentir a vergonha de ter um filho fora de controle – ou pior, de modo que não sintam a vergonha e a devastação de ser um fracasso como pai ou mãe.

Confrontar a realidade da situação é simplesmente doloroso demais, então, em vez disso, eles tentam ajudar o pobre filho perturbado. Arranjam um novo emprego para ele, mentindo (para não expor os problemas do filho) para as pessoas que podem ajudar o seu precioso rebento a sair do mau caminho. A doença da negação se dissemina; agora eles não estão mentindo apenas para si mesmos, mas também para as outras pessoas. Mas, evidentemente, as suas invencionices não são mentiras de fato, pois eles estão apenas omitindo a verdade. Quando amigos e parentes que estão a par de alguns fatos com relação ao passado turbulento de Don (vamos chamá-lo assim) perguntam como ele vai, os pais mentem, dizendo que ele está melhor e se comportando muito bem. Logo Don é um homem feito, na casa dos 30 anos, que faz negócios com um dos amigos dos pais e tira dinheiro dos pais. Mais uma vez, ele começa a ter dificuldades financeiras e os pais o tiram do apuro. Eles nem pensam mais em todas as outras pessoas que o filho está lesando: na verdade, eles nem querem saber delas (outra forma de negação). Eles só querem agora evitar humilhação e proteger o próprio coração ferido de ser mais espezinhado ainda, nunca parando para pensar sobre quem Don prejudicará no futuro, em resultado do apoio que está recebendo deles. Então, agora eu pergunto a você: quem é a pessoa ruim nesse caso? Quem é o artista do disfarce e o coconspirador? Deixar que alguém se comporte mal e vitimize outras pessoas também não é uma forma de vitimização? São em situações como essa que podemos ver que todos nós somos coconspiradores e que a necessidade de evitar sentir a nossa própria dor e vergonha nos tornou pessoas tão egocêntricas e egoístas que não conseguimos nem sequer ver o efeito – quanto mais assumir a responsabilidade por ele – que nossa negação tem sobre os outros. Talvez você não se identifique com a história dos pais permissivos, mas se tem filhos adultos pode valer a pena analisar como você participa da negação deles com relação a algum aspecto das suas vidas que não está indo bem ou como eles também participam da sua.

John é um corretor de imóveis aposentado que agora ganha a vida movendo ações judiciais contra pessoas inocentes. Há mais de dez anos seu filho Ronnie reconheceu a verdade que outros na sua família tentavam negar: o pai não tem na realidade um emprego ou um negócio.

John vive falando das suas várias ideias de negócios que nunca se concretizam. Sempre que John fica chateado ou frustrado com o pai, ele traz esse fato à baila, questionando John sobre o que ele realmente faz para manter o seu estilo de vida opulento. Mas quando John começa a armar as suas defesas, deixando que a raiva mostre as suas garras (ninguém que está em negação gosta de ser questionado), Ronnie recua, pois os benefícios que ele obtém com as mentiras do pai o impedem de querer saber a verdade sobre os negócios escusos do pai. Ronnie vive ignorando a sua intuição de que há algo errado e abafa as suas suspeitas tanto com relação ao pai quanto a si mesmo. E, no entanto, ele assiste ao pai persuadindo um grupo de pessoas depois do outro a participar do seu próximo grande empreendimento comercial, e depois vê os negócios se desfazendo e ouve falar dos processos judiciais horrorosos que se seguem. Por causa da vergonha, Ronnie fantasia a respeito do pai, aumentando os seus pontos fortes e negando as suas fraquezas, para manter a sua negação intacta. Quando Ronnie desperta da negação de tempos em tempos, ele sente tamanho desânimo e ressentimento que acaba sabotando os próprios objetivos para não desmascarar o pai. Agora ele e o genitor conspiram para manter a negação um do outro, com receio de que, se disserem a verdade, perderão o amor um do outro. Mais uma vez pergunto a você: Ronnie não está participando dos crimes do pai – intencionalmente ou não? Ele não tem responsabilidade pelos estranhos que o seu pai lhe apresenta – sabendo que provavelmente eles serão lesados ou até destruídos pelo pai? Consciente agora do grave problema de integridade que ele criou sendo cúmplice do pai, Ronnie nada pode fazer para deter a sua autossabotagem. Até hoje ele continua sem namorada porque ainda não está disposto a sofrer o que acredita serem as consequências de dizer a verdade.

Jill e Steve se casaram há doze anos e Steve é professor universitário, enquanto Jill é uma fotógrafa que bebe demais. Ela tem muita força de vontade, é sincera e é conhecida por ser uma verdadeira potência. Nos últimos oito anos, o vício de Jill tem piorado progressivamente. Algumas vezes por ano ela enfrenta algum constrangimento, engrola as palavras em festas beneficentes e dá um showzinho em público. No entanto, como Steve e Jill doam muito dinheiro para a comunidade, todo mundo mantém a boca fechada sobre o comportamento de Jill. O que só Steve e poucas pessoas sabem é que toda vez que Jill se envolve em situações constrangedoras, ela sente interiormente vergonha de si mesma e se torna exteriormente cada vez mais agressiva. A sua estratégia para não ter que encarar o mau comportamento é atacar os outros. Os seus ataques sempre se dirigem àqueles que ela percebe que não são tão fortes quanto ela; àqueles que pode usar para desviar a atenção de si mesma e projetar sobre eles as suas inadequações.

Embora muitas pessoas saibam a verdade sobre Jill, o seu poder e posição as intimidam e as fazem se calar. Alguém poderia se empenhar durante cinco meses na organização de um evento e, se acontecesse de Jill estar num dia ruim, humilhando-se publicamente, uma das pessoas do comitê organizador seria inevitavelmente destruída pelas fofocas, indiretas ou acusações descaradas de Jill. Todo mundo à sua volta sabe a verdade – Steve certamente sabe – e, no entanto, ninguém está disposto a fazer alguma coisa. A justificativa deles? "Olhe quantas coisas boas Jill está fazendo pela nossa comunidade!", "Se eu confrontá-la, posso ser o próximo alvo ou a instituição beneficente de cuja diretoria faço parte pode deixar de receber uma doação no ano que vem", "Eu não quero ser a única a não ser convidada para a festa maravilhosa de Natal que Jill e Steve promovem todo ano". Como as pessoas à sua volta não estão dispostas a enfrentar as consequências de dizer a verdade, elas continuam em negação, minimizando os efeitos do comportamento de Jill e eximindo-se de qualquer responsabilidade por suas ações. Isso só faz com que ela continue com o seu padrão destrutivo, que prejudica não só ela mesma, mas outras pessoas inocentes. Agora vamos refletir mais uma vez. Aqueles que negam o impacto do padrão de Jill não são responsáveis também ou cúmplices da dor das pessoas que ela vitima? O eu ferido, cheio de vergonha (sempre se protegendo com a negação) diria que não. "Afinal de contas", ele racionalizaria, "eu não fiz nada e isso não é da minha conta".

Numa tentativa desesperada para se sentir melhor consigo mesmo, o nosso ego ferido quer sempre ter razão. Ele está sempre buscando provas do motivo por que os seus pensamentos, desejos e ações são justificados. Julga os outros o tempo todo, mas não parece ver a si mesmo de qualquer outra perspectiva que não seja a sua própria. Procura maneiras de justificar o seu comportamento ou, o que é pior, negá-lo completamente. É por isso que muitas pessoas não pedem a ajuda de que necessitam e ridicularizam e demonizam as outras pessoas, os seus pontos de vista, as suas crenças e as suas atitudes – enquanto continuam chafurdando na própria negação.

A vergonha da negação

A capa da revista *Time* do dia 22 de dezembro de 2002 era a manchete "As Delatoras" e a foto de três mulheres que ajudaram a revelar a fraude da Enron. Agora, me desculpe, mas esse termo – delator – é um emblema de honra? Isso é o melhor que os Estados Unidos podem fazer pelas três mulheres que foram suficientemente corajosas para denunciar a maior fraude comercial da história deste país? Elas não deveriam ser chamadas de "As Heroínas", "As Deusas", "As Valentes" ou as "Supermulheres"? Ora, eu tenho certeza de que nem todo mundo considera essa manchete tão ruim quanto eu, mas sinto-me muito entristecida por saber que isso foi o melhor que puderam fazer por essas mulheres. Senti que tenho de assumir alguma responsabilidade pela cultura em que vivo, pois nunca me dispus a desafiar pessoas do mundo todo a se tornar super-heróis – quer dizer, delatores. Já escrevi cinco livros, portanto podia ter feito alguma coisa para mudar o jeito como olhamos para quem denuncia crimes. Nunca escrevi sequer uma nota à revista *Time* informando aos editores como me senti com relação àquela manchete que escolheram para se referir às três mulheres e ao que fizeram. Na realidade, a minha reação foi justamente o oposto disso. Eu me senti profundamente envergonhada pela "dedo-duro" em mim, razão por que estou expondo essa vergonha agora. Quando vi a capa da revista, o meu primeiro pensamento foi, "Eu não quero ser isso". A minha vergonha determinou a opção de não fazer nada. O medo de ser delatora me deu um frio na barriga e a garotinha em mim que quer fazer a coisa certa se encolheu. Essa situação evocou todas as vezes em que expressei minha opinião e depois me senti envergonhada, humilhada ou rejeitada.

A grande piada, evidentemente, é que eu *sou* uma delatora. Não é exatamente isso o que estou fazendo agora? Não estou convocando todos os leitores a reconhecer todas as partes negadas e rejeitadas de si mesmos, que estão lá fora, consciente ou inconscientemente, direta ou indiretamente, colaborando para aumentar o sofrimento neste mundo? Não é isso o que eu faço toda vez que tento convencer alguém a trazer à luz a sua sombra? Não deixo de ser uma delatora. Estou sempre tentando denunciar os sujeitos malvados, expondo-os aos olhos de todos para que vejam quem eles realmente são, mesmo quando isso me prejudica. Nos últimos dez anos, já passei por centenas de situações em que preferia ter ficado de boca fechada, mas não pude. Quanto mais eu desperto do transe automático do meu corpo da vergonha, mais compelida me sinto a agir a favor do todo coletivo, em detrimento do eu individual. Isso significa renunciar à minha perspectiva estreita e egoísta e me tornar uma ousada cidadã global (uma pessoa mais comprometida com o todo coletivo do que com o próprio conforto individual). Acredito que essa é a pessoa que estou destinada a ser – que todos estamos destinados a ser: zelosos, amorosos, valentes, autênticos e atentos às necessidades do mundo.

Quando éramos crianças e presenciávamos maldades no parquinho, provavelmente dizíamos sem pensar duas vezes, "Não faça isto!" ou "Isso não é legal!" Se havia uma pessoa agressiva em casa, tentávamos defender a nossa mãe, as nossas irmãs ou os nossos irmãos. Queríamos que tudo ficasse bem. Era, e ainda é, o nosso desejo inato de evitar que aqueles à nossa volta implodissem ou explodissem, e de proteger as pessoas de fora; nós somos bons e queremos ajudar. Mas depois ouvimos centenas de vezes que precisamos cuidar da própria vida. Tentávamos consertar uma situação ruim e nos diziam para ficar de boca fechada ou cair fora. Queríamos contar à professora que Barry atirou uma pedra em Bobby no parquinho, mas então éramos chamados de dedo-duro e nos sentíamos envergonhados, ruins e magoados. O constrangimento nos fazia questionar a nossa boa índole. Perguntávamos se valia a pena intervir no comportamento ruim de alguém ou contar a alguém que tinha poder para detê-lo. Perguntávamos se estávamos fazendo a coisa certa quando tentávamos pôr um fim às injustiças que víamos à nossa volta e nos insultavam ou caçoavam de nós por causa disso. Acusados e criticados por defender outras pessoas, nós nos retraíamos e resvalávamos novamente para a negação. Escondíamos parte da nossa luz, da nossa bondade sempre generosa, para nos ajustarmos ao que se esperava de nós e não ter que sofrer as consequências do mau comportamento de outra pessoa. Afinal de contas, estávamos só tentando ajudar.

Podemos todos ficar de braços cruzados, com um ar de superioridade, e assistir aos outros fazendo coisas ruins. Podemos virar as costas e fingir que somos inocentes porque não participamos diretamente de atos de violência contra outra pessoa. Mas somos realmente inocentes? Ou estamos apenas em negação? Queremos que o nosso governo e as autoridades assumam a sua responsabilidade, mas por que não exigimos dos outros e de nós mesmos o mesmo nível de responsabilidade?

E se, livrando-nos da nossa própria negação, conseguíssemos impedir alguém de vitimar outra pessoa? E se pudéssemos evitar que alguém se tornasse uma vítima? E se a pessoa que você salvasse tivesse a chave para a cura do nosso planeta, de modo que os nossos filhos e netos pudessem viver num lugar mais seguro? Nesse caso, você faria alguma coisa? Você ergueria a sua voz? O que seria importante o suficiente para que você interferisse e fizesse algo de bom? Quem você teria que ser para manter os olhos bem abertos, livres da negação, e proteger aqueles que poderiam ser as próximas vítimas? E qual o preço e as consequências de manter a boca fechada? Isso não serve apenas para acrescentar mais vergonha à que você já tem, drenando a sua energia vital sem que você saiba, roubando-lhe a dignidade e o respeito próprio pelos quais você tanto anseia? Ou existe um preço ainda mais elevado?

Vamos nos inspirar nas palavras do nosso irmão Martin Luther King, que se recusou a ficar calado e de braços cruzados. Um homem foi capaz de ajudar uma nação inteira a se livrar da negação e a buscar a luz da verdade. A voz dele foi considerada ruidosa, exigente e agressiva. Mas a sua ousadia e o seu destemor causaram um despertar em massa no nosso mundo. Luther King nos mostrou o que um homem, uma vida, poderia fazer quando a negação já não é mais possível. Ele nos pediu para nos libertarmos das amarras de uma perspectiva limitada que milhões de nós mantinham e para nos tornarmos um farol pelo bem de todos; isso causou mudanças revolucionárias. É o que existe de melhor em nós que se levanta e grita em protesto para a sombra coletiva que nos mantém pequenos e os nossos olhos universais fechados. Hoje, temos que nos lembrar dos grandes líderes de mudança global que viveram antes de nós e deixar que suas palavras e coragem revivam nas nossas atitudes. Temos que decidir, em massa, que não manteremos mais os nossos olhos e bocas fechados. Se o fim da nossa negação significasse o retorno da sua força interior e ajudasse a vida de uma vítima inocente, você estaria disposto a extingui-la agora? Ou você está muito preocupado com a própria dor para se preocupar com a dor alheia?

Um número cada vez maior de pessoas continuará a fazer coisas ruins para si mesmas e para os outros enquanto nós, como cultura, nos recusarmos a nos responsabilizar por elas e continuarmos lhes dando apoio. É inacreditável quantos de nós conspiram para manter as pessoas fazendo coisas que propositalmente prejudicam outras. Isso acontece nas nossas igrejas, sinagogas e outras organizações religiosas. Acontece nas instituições de caridade e nos grandes e pequenos negócios ao redor do mundo. Acontece nos nossos governos, nos hospitais, no sistema judiciário e nas prisões. Acontece nas escolas e muitas vezes dentro da nossa própria família. Está acontecendo agora. E toda vez que viramos as costas, estamos sendo cúmplices dos algozes, dos "sujeitos malvados". Mesmo aqueles que estão conscientes disso não conseguem escapar quando o algoz é persuasivo e amável (e muitos são) ou quando a pessoa que está fazendo coisas ruins faz também coisas boas. Estamos tão absorvidos pelos nossos níveis de conforto que não levamos em conta o bem-estar do todo, do coletivo (significando todos os outros seres humanos, aqueles que conhecemos e os que não conhecemos) quando avaliamos as nossas atitudes.

Pouco tempo atrás, eu estava conversando sobre isso com uma amiga minha. Num momento ela concordou comigo que todos tínhamos de enfrentar os nossos desconfortos e começar a defender uns aos outros, mas menos de cinco minutos depois ela resvalou novamente para a negação. Contou-me sobre um amigo que estava prestes a ir para a cadeia por quatro anos por consumir todos os ativos da sua empresa e roubar 25 milhões de dólares dos investidores. Num minuto ela se sentia mal por todas as famílias que sofreriam as consequências das atitudes do amigo e em seguida me disse que estava planejando uma festa para livrar o homem da prisão. Ela não conseguia evitar. Eu nem conheço esse cidadão, mas, quando questionei a integridade dela diante do fato de organizar uma festa para um criminoso condenado e pedi para que visse essa opção através da perspectiva de todas as suas vítimas, ela admitiu que organizar uma festa para esse homem era algo bem egoísta. O seu sorriso disse tudo: "Ele é um cara divertido e muito charmoso [a propósito, a maioria dos vigaristas tem muito charme], e eu me sinto bem na companhia dele". Portanto, ali estava, bem na frente do meu nariz: um homem cruel e egoísta para as pessoas que vitimou, mas para os amigos 'íntimos' um sujeito charmoso e divertido cuja companhia eles apreciavam. E então, da boca da minha amiga saiu o mantra que justifica tudo: "Mas talvez ele não tivesse intenção de fazer o que fez!"

Se nós não fizermos a mudança, quem fará? Se vamos continuar fingindo que as pessoas malvadas estão longe de nós e não assumirmos a responsabilidade pelas maneiras pelas quais participamos das malvadezas que elas fazem às pessoas, a nossa busca pessoal pelo bem será inútil. Se mantivermos os olhos fechados, seremos nada mais nada menos do que parte do problema, pois somos cúmplices também. Por que não parar de nos esforçar tanto para nos convencer de que somos bons e nos tornar um dos zumbis que não assumem nem exigem que os outros assumam sua responsabilidade pessoal? Por que não paramos de fingir (se de fato estamos fingindo) que estamos nos empenhando pelo bem de todos, uma vez que nada nunca mudará se não começarmos a fazer isso agora na nossa própria casa? Essa é uma daquelas maluquices em que trabalhamos feito loucos "lá fora" para fazer algo bom e depois usamos a nossa atividade frenética como desculpa para não lidar com o que pode nos afetar diretamente agora. Todas as boas ações do mundo não compensarão os estragos que passam despercebidos no nosso próprio quintal.

10

DESFAZENDO A CISÃO

Quando a pressão exercida pela nossa escuridão reprimida é grande demais, quando a intensidade da autoaversão e da vergonha é esmagadora, corremos o risco de fazer escolhas inconscientes que exporão aos olhos de todos as nossas feridas – e farão com que finalmente solicitemos a ajuda de que tanto precisamos. Normalmente é só depois que somos confrontados, em claro e bom som, com os destroços do nosso ego ferido que o véu da negação se rasga e o processo de cura se inicia. Quando batemos na parede e a dor da nossa vergonha é forte demais para suportarmos, uma porta se abre e permite que voltemos a nos unir ao nosso eu superior e nos tornar outra vez um ser integrado que faz parte da solução espiritual. Sejamos nós a vítima ou o vitimador, predador ou presa, o processo de cura é o mesmo. Para acabar com o conflito interior entre essas forças opostas, temos que sair da negação, tomar posse da nossa natureza essencial, expor as fraquezas, descobrir os pontos cegos e dizer a verdade sobre as nossas tendências humanas. Só depois que fizermos essa avaliação sincera, seremos capazes de ver o que precisamos fazer para equilibrar a nossa natureza – para fortalecer os pontos fracos e conter os impulsos negativos.

Se você é uma vítima, mas não admite que é uma vítima, se você é uma presa em potencial, mas finge que não é, você nunca se responsabilizará o suficiente para se armar dos recursos de que precisa para garantir a sua própria proteção. Enquanto continuar negando a sua natureza verdadeira, você continuará sendo vitimado, maltratado, traído, enganado ou passado para trás. E embora como presa você pareça uma vítima óbvia aos olhos dos outros, vou sugerir que você também é um vitimador. Enquanto não assumir responsabilidade pela sua natureza crédula e não proteger o seu coração vulnerável, você continuará inconscientemente a se vitimar pelos crimes que nem sequer cometeu. E nesse meio-tempo você prejudicará não só a si mesmo como aqueles à sua volta, que assistem, impotentes, enquanto você é passado para trás ou se envolve numa sucessão de incidentes infelizes. A negação é o que perpetua o ciclo de abusos. Se você é uma presa em potencial, o único modo de pôr um fim a esse ciclo de vitimação é olhar de frente a verdade, admitir quem você é e tomar providências para proteger a sua natureza vulnerável.

   Se você é um vitimador, a sua tarefa é falar a verdade sobre os seus impulsos sombrios, as tendências predatórias e as maneiras pelas quais você, consciente ou inconscientemente, engana, mente, manipula, ludibria, prejudica, usa ou tira vantagem das outras pessoas. Você precisa despertar para o preço alto que paga pelas suas atitudes. Enquanto não estiver disposto a admitir que você é um predador, continuará cego para a extensão dos prejuízos que inflige aos outros e também a si mesmo. A verdade oculta é que todo predador é também uma presa. Muito provavelmente você foi vítima de uma educação agressiva, violenta ou instável, ou da sociedade como um todo. Como vitimador, você precisa perceber que, enquanto continuar prejudicando os outros, também estará selando o próprio destino, como seu pior inimigo. Você também estará no rastro de destruição que cria para os outros e será vítima também da melancólica vergonha que será um lembrete constante das suas más ações. Quando entrar num acordo com a sua natureza predatória, você conseguirá encontrar válvulas de escape saudáveis, seguras e apropriadas para esse aspecto do seu ser. Poderá estruturar a vida de modo que não viole os limites das outras pessoas nem se comporte de maneiras inadequadas. Você pode obter a ajuda de que precisa para garantir que as suas ações não continuem a ferir os outros.

Eu quero reiterar este ponto: o processo de cura da vítima e do vitimador é o mesmo. O ego ferido não pode se curar sem a intuição, o entendimento e a sabedoria do eu superior. Ao trazermos o amor e a compaixão do eu superior tanto para a luz quanto para a escuridão, para a vítima e o vitimador, o predador e a presa que vivem dentro de nós, nós nos tornamos seres humanos integrados e emocionalmente saudáveis. É então que a cisão entre os dois lados do nosso ser é refeita e voltamos à nossa essência verdadeira. Quando a natureza sabotadora e destrutiva do ego ferido surge com o poder terapêutico do eu superior, essa integração acontece.

O eu superior tem a capacidade, o poder e a força para ver de uma perspectiva mais ampla, para ver por meio de olhos espirituais, para saber que toda característica, todo impulso e toda tendência negativos têm uma contraparte igual e oposta que pode ser cultivada para nos levar de volta ao estado de equilíbrio. Para desfazer a cisão é preciso que estejamos firmemente arraigados à realidade de que a dualidade é fundamental para a nossa própria natureza. Não poderíamos conhecer a luz sem conhecer a escuridão, não poderíamos conhecer a coragem sem conhecer o medo. Nunca reconheceríamos um coração bondoso se não tivéssemos encontrado um coração cruel. Nunca poderíamos conhecer a esperança se não tivéssemos passado pela devastação provocada pela desesperança. Neste mundo de dualidade, só obtemos compreensão e sabedoria por meio da comparação e do contraste. Por isso, em última instância, esta jornada serve para equilibrarmos essas expressões aparentemente contrárias da nossa humanidade e aprendermos a reconhecer os primeiros sinais de advertência que nos alertam quando o nosso mundo interior está fora de equilíbrio.

Alertas de desastre

A única maneira de nos mantermos no caminho certo, em vez de nos deixarmos arrastar para as veredas do nosso lado escuro, é ficarmos constantemente atentos a todas as tendências dentro de nós que têm o poder de nos desencaminhar. Eu identifiquei sete modos de ser que, quando ignorados, podem nos envolver em padrões de autodestruição. É a devastação criada pelo excesso de cautela, pela ganância, pela arrogância, pela intolerância, pelo egocentrismo, pela teimosia e pela falsidade que nos separa do nosso eu superior. E desde que essas tendências podem nos levar à bancarrota, a descoberta da sua contraparte irá curar a nossa eterna cisão e nos conduzirá de volta à inteireza, onde mais uma vez podemos abarcar a totalidade de tudo o que somos.

Dentro de cada um de nós, existem ambos, presa e predador, e precisamos abrir o coração para essas duas partes do nosso ser. Se não aceitarmos a dualidade da nossa natureza humana, não conseguiremos nos curar. Mas, quando reconhecemos as nossas tendências e fraquezas, e inundamos essas partes com a consciência e a compaixão do eu superior, sanamos a separação que nos leva rumo à autodestruição e permitimos a saudável integração de todos os aspectos do nosso ser.

O processo consiste em equilibrar a gangorra – neutralizar as tendências dentro de nós que saíram do equilíbrio e permitir a coexistência pacífica de todas as partes. Então nossos impulsos bons e amorosos ficam equilibrados com os sombrios e egoístas. É assim que deve ser um ser humano integrado.

Não há nada mais inspirador do que um ego ferido que voltou a se unir à sua contraparte saudável. Quando o nosso eu inferior e a nossa essência divina estão juntos, podemos curar, reparar, transcender e prosperar – mesmo nas piores circunstâncias. Mas, para que essa cura comece, o ego precisa dar espaço ao eu superior.

Estive fazendo uma palestra, pouco tempo atrás, numa conferência com o dr. Dean Ornish, professor clínico de Medicina da University of San Francisco, e autor de cinco livros, entre eles *Love and Survival*. Sentei-me na sala de conferência e durante a sua palestra ele mostrou um slide que ilustrava um importante conceito que aprendera com um dos seus mentores. No slide estavam escritas duas palavras:

illness [Doença]

wellness [Saúde]

Ele pediu que a plateia refletisse sobre a diferença entre essas duas palavras e, depois de uma breve pausa, passou para o slide seguinte.

As duas palavras estavam outra vez presentes, mas a letra "I" ["eu", em inglês] da palavra doença e as letras "We" ["nós", em inglês] estavam circuladas, da seguinte maneira:

(i)llness

(we)llness

Ei-los bem na minha frente – o problema e a solução. O problema, que examinamos ao longo deste livro, surge quando nos identificamos apenas com o "Eu", com a perspectiva limitada do nosso eu individual. Quando estamos vendo a vida através das lentes das nossas tendências narcisistas, nós só nos importamos com o que nos interessa. Literalmente não percebemos nenhuma escolha que não seja aquelas que acreditamos preencher as nossas necessidades emocionais ou físicas individuais –, não importa o quanto elas possam ser destrutivas ou pouco saudáveis.

Quando começamos a entender que a nossa consciência do "eu", o nosso ego, é só uma porção de quem somos, abrimo-nos para nos fundir com o "nós", que é o que eu chamo de coração coletivo. O "nós" é a parte de nós que está conectada com tudo o que existe e com todos os outros seres humanos. É a parte de nós que está disposta a fazer a escolha mais elevada, mesmo quando ela não parece boa para o nosso "eu" individual. Essa parte coletiva do nosso ser sabe que, para sermos verdadeiramente felizes e inteiros, precisamos reagir ao chamado superior e abrir mão dos nossos interesses pessoais em favor do bem coletivo.

Enquanto estivermos preocupados em "chegar lá", em parecer bem, em nos entrosar, em sermos bem-sucedidos, em nos enturmar, em vencer ou em tentar conquistar o que julgamos que nos pertence, ficaremos confinados na pequena cela do nosso eu individual. A nossa identificação excessiva com o "eu" é a fonte de todos os traumas, dores e autossabotagem. É a fonte das nossas doenças, que nos leva a sabotar os sonhos e nos tornar o nosso pior inimigo.

Quando estamos dispostos a nos abrir e a explorar a consciência do "nós", quando começamos a procurar maneiras de servir aos outros, de nos ligar a eles e apoiá-los; quando consideramos como as nossas atitudes podem beneficiar todos os envolvidos e nos comprometemos a viver em parceria com o todo maior, voltamos ao nosso estado autêntico natural e mais verdadeiro. Voltamos ao bem-estar e recuperamos a capacidade de viver uma vida cheia de paixão e significado, de seguir a orientação do nosso eu superior, de fazer a coisa certa e realizar melhores escolhas do que se estivéssemos olhando através das pequenas lentes do nosso eu individual.

Quando o ego reassume o seu lugar de direito – quando ele ocupa metade da nossa identidade em vez de se sobrepor ao todo –, o eu superior pode dar ao ego a vulnerabilidade, a generosidade, a humildade, a compaixão, a disposição e a integridade de que ele precisa para fazer as pazes com as suas falhas, fraquezas e tendências humanas. É nesse momento que a parte ferida do ego pode se curar e o processo de unificação entre a luz e a escuridão pode ter início. Então o eu bom e o ruim, o dr. Jekyll e o Mr. Hyde, o verdadeiro eu e o falso, o "eu" e o "nós" podem trabalhar juntos na dança graciosa chamada vida humana. Quando todas as partes do nosso ser recebem a permissão para coexistir, temos a sabedoria para fazer as escolhas revolucionárias mais elevadas para nós mesmos e para aqueles à nossa volta, dia após dia. Quando o ego e o eu superior agem como forças aliadas, curamos a cisão interior que nos faz agir como os nossos piores inimigos e podemos voltar a descansar outra vez na rocha sólida do eu unificado. Então passamos a ter acesso ao bem-estar emocional, físico e intelectual abundante.

Para que a nossa vida seja impulsionada pela alma e não pelo ego, precisamos estar atentos aos sete estados de ser que têm a capacidade de nos desviar da rota e nos fazer cair novamente nas garras do ego. Excesso de cautela, ganância, arrogância, intolerância, egocentrismo, teimosia e falsidade são os sete estados de ser que indicam que o nosso ego ferido está agora no controle e está agindo por conta própria. Quando qualquer um desses estados de ser domina a nossa consciência, ele age como um aviso de que o nosso mundo interior está perigosamente fora de equilíbrio e que, se não tomarmos uma atitude imediatamente, o desastre é iminente. Esses sete alertas são os catalisadores poderosos e às vezes ocultos que levam pessoas boas a fazer coisas ruins. Você notará que cada um deles se manifesta quando estamos identificados apenas com o nosso eu individual, o nosso "eu".

Cada um desses alertas é um estado natural que provavelmente viveremos em algum ponto da nossa vida. Lembre-se, somos todos humanos e possuímos todas as qualidades humanas, todas as emoções humanas e todos os estados de ser. E dependendo da natureza das feridas do nosso ego, certas tendências irão se manifestar dentro de nós, em diferentes épocas e situações, levando-nos a agir de determinadas maneiras. Quando esses sete estados estão equilibrados com os seus opostos polares – os seus antídotos espirituais –, eles se neutralizam. Isso significa que temos a chance de vivenciar e utilizar cada um deles como quisermos. Mas, quando essas tendências são deixadas sem o peso da sua contraparte para equilibrá-las, não temos mais controle sobre elas. Em outras palavras, elas nos controlam em vez de serem controladas por nós.

Pelo fato de essas tendências existirem dentro de cada um de nós, ninguém está imune aos seus efeitos potencialmente perigosos. Contudo, cada um desses alertas pode ser equilibrado pelo cultivo consciente do seu oposto polar e pela invocação do seu antídoto espiritual. A generosidade é o antídoto que equilibra a tendência para a ganância. A humildade é o antídoto que suaviza a arrogância. A vulnerabilidade é o antídoto para o excesso de cautela. A disposição para servir equilibra a nossa tendência para o egocentrismo. A honestidade é o antídoto para a tendência para a falsidade. A disposição é o antídoto que suaviza a teimosia. A compaixão é o antídoto que equilibra a intolerância. Os antídotos transcendem a perspectiva limitada do "eu", levando-nos de volta ao alinhamento com o nosso eu superior e para o coração coletivo.

Os Alertas do Desastre são como um aviso de "estrada interditada", que nos alerta de que teremos problemas pela frente. Eles nos alertam para que tenhamos cautela e fiquemos de olho nos impulsos mais sombrios da nossa humanidade. Se nos recusarmos a dar ouvidos a esses alertas, a autossabotagem é a consequência nefasta.

Os Antídotos são o fio espiritual que alinhava a fissura entre o nosso lado mais escuro e o nosso eu superior. Quando deixamos que eles atuem na nossa vida, neutralizamos e contra-atacamos as nossas tendências destrutivas e chegamos mais perto, a cada dia e a cada escolha, de uma vida mais honesta e realmente plena.

Alerta número 1: Excesso de cautela

Dominados pelo medo de que alguém nos exponha aos olhos de todos, nos prejudique, tire vantagem de nós, nos envergonhe, nos humilhe, nos constranja, nos use ou tire proveito das nossas fraquezas, vivemos com um pé atrás. Embora a autoproteção seja importante em momentos de perigo real, o excesso de cautela tem as suas desvantagens. Quando nos superprotegemos, erguemos muros espessos ao nosso redor – muros que nos impedem de sermos íntimos de alguém, de pedirmos ajuda ou de confiar em alguém para contar sobre os nossos pensamentos, sentimentos e impulsos mais sombrios. Ouvimos, "Tome cuidado, estão de olho em você!" cada vez que dobramos uma esquina, suspeitando de tudo e de todos. O excesso de cautela nos diz que estaremos expostos aos olhos de todos ou que tirarão proveito de nós se formos vistos. E, na tentativa de proteger a nossa vulnerabilidade e escondermos a nossa vergonha, perdemos uma fonte excelente de informação: a perspectiva dos outros.

No estado de cautela, fica fácil demais nos rendermos aos pensamentos ilusórios, afundarmos na negação e agirmos de acordo com impulsos distorcidos. O excesso de cautela é perigoso porque nos separa das pessoas que poderiam realmente nos ajudar. Quando estamos agindo de acordo com o nosso eu cauteloso e superprotetor, ficamos alheios ao mundo maior, defensivos, isolados, desconfiados, belicosos e reservados – para citar apenas algumas características. Quando começamos a imaginar com quem podemos nos abrir e que partes da nossa vida podemos expor, ficamos cada vez mais reticentes com relação a quem somos, o que fazemos e como realmente nos sentimos. Ficamos com receio demais de nos abrir e com muita vergonha para deixar que os outros nos vejam e nos conheçam. Ficamos cautelosos e depois cultivamos pensamentos como "Se ela descobrir isso sobre mim estou perdido", "O que ele quis dizer com isso?" "Eles vão me prejudicar...". O maior perigo do estado de cautela é que ele nos leva a criar um mundinho cada vez menor à nossa volta para manter a nossa persona intacta e os nossos segredos, guardados. Quando as feridas do nosso ego fazem com que o nosso eu humano e seus impulsos sombrios pareçam errados, nós nos sentimos inseguros, assustados e envergonhados, e começamos a nos isolar daqueles à nossa volta. Primeiro nos separamos do mundo em sua totalidade, depois da comunidade e, finalmente, do nosso círculo pessoal de parentes e amigos. Quanto mais cautelosos ficamos, mais medo temos de ser descobertos.

Quando temos tanta cautela que chegamos ao ponto de não sermos mais capazes de ser vulneráveis, de admitir os nossos impulsos doentios e de pedir a ajuda de que precisamos, contaminamos os nossos relacionamentos, com desconfiança e, por fim, paranoias e falsidades. O excesso de cautela, sem o equilíbrio da vulnerabilidade, nos leva ao isolamento. O isolamento é uma bandeira vermelha nos avisando de que nos distanciamos de nós mesmos, dos outros e das leis do mundo. Ele é um aviso de que logo nos tornaremos os nossos piores inimigos. Os nossos segredos sempre nos mantêm doentes e presos às garras do nosso ego ferido.

O antídoto espiritual: A vulnerabilidade

Uma das funções mais importantes de um ego saudável é conhecer os seus pontos fortes e fracos, para saber qual é a hora certa de procurar a solidão e de pedir ajuda. Mas, quando estamos excessivamente cautelosos, ficamos tão ocupados tentando evitar que as pessoas descubram alguns aspectos da nossa vida, que não conseguimos nos ver com clareza, monitorar os comportamentos objetivamente ou pedir o apoio de que precisamos. Quando isso acontece, corremos um grande perigo.

A verdade é que fomos concebidos para fazer parte de um todo maior. Precisamos da opinião dos outros para ter uma visão clara de nós mesmos. As informações que recebemos dos outros em resultado dos nossos relacionamentos são um importante ponto de referência que nos ajuda a nos situar com relação a nós mesmos e ao mundo. O excesso de cautela nos impede de receber essas opiniões e a única maneira de reverter essa situação é pôr abaixo algumas das paredes que construímos à nossa volta e nos tornar suficientemente vulneráveis para que as pessoas possam se aproximar.

Dentro da postura autoprotetora do ego, odiamos admitir que precisamos de alguma coisa, por isso acabamos construindo paredes cada vez mais espessas para nos convencer da nossa força. Mas, quando aceitamos a nossa natureza vulnerável, somos capazes de nos aproximar das outras pessoas, de confiar nelas. A vulnerabilidade nos dá a liberdade de admitir, "Preciso de você". É preciso coragem para sair da negação com respeito a quem somos, do que precisamos e quais são as nossas fraquezas. No entanto, ser vulnerável o suficiente para admitir essas coisas é o único caminho para manter o lado escuro sob controle e garantir que agiremos com base no nosso eu superior.

Talvez você seja uma das pessoas que confundem vulnerabilidade com fraqueza, mas a verdadeira vulnerabilidade é um sinal de força. É preciso uma certa dose de vulnerabilidade para viver a vida de coração aberto e para se ligar intimamente com aqueles à nossa volta. O seu eu vulnerável é a sua parte mais inocente, a parte pueril que só quer ser boa e fazer parte.

Ser vulnerável é ser humano, e negar essa parte de si mesmo ou protegê-la se fechando o impede de receber justamente aquilo pelo que você mais anseia. O antídoto espiritual da vulnerabilidade desperta a consciência de que a nossa única segurança está na ausência absoluta de defensividade com relação às nossas fraquezas humanas. Em nosso estado de vulnerabilidade, deixamos que Deus faça por nós o que não podemos fazer por nós mesmos.

Alerta número 2: Ganância

O medo da escassez está na raiz da ganância. Alimentada pelo medo de que não haja amor, dinheiro, oportunidades ou bens materiais suficientes neste mundo, a ganância faz com que almejemos cada vez mais. O medo de sermos pobres, o medo de que as nossas necessidades não sejam satisfeitas ou o medo do fracasso desencadeiam a nossa ganância e nos levam a garantir que recebamos o que é nosso, custe o que custar. A nossa ganância saudável pode nos motivar a atingir o sucesso, enquanto o desequilíbrio da ganância nos leva a acumular riquezas simplesmente para provar que somos pessoas de valor. Quando a natureza gananciosa está fora de equilíbrio e controla a nossa vida, vivemos o tempo todo sedentos de amor, dinheiro, status, aprovação, posses e poder.

A ganância é o que nos leva a acreditar na ilusão de que a satisfação está "lá fora", no mundo exterior. Nós nos tornamos um poço sem fundo, crentes de que ficaremos bem tão logo consigamos "o suficiente". A ganância excessiva nos leva a atender às nossas necessidades – emocionais, sexuais, financeiras ou de outro tipo –, sem levar em conta as consequências dos nossos comportamentos para aqueles à nossa volta. A ganância nos diz que ficaremos bem tão logo fizermos a próxima conquista. Consumimos insaciavelmente cada vez mais, na tentativa de satisfazer a fome por coisas externas a nós, mesmo que isso signifique violar a lei. Cegos para qualquer coisa que não sejam as nossas necessidades, deixamos que a ganância nos leve a trilhar o caminho de destruição que nos levará à nossa própria ruína.

É preciso uma boa dose de autoexame para descobrirmos em que parte da nossa vida existe um desequilíbrio que nos levou à ganância. Podemos ser gananciosos com relação ao amor, à admiração ou à atenção. Podemos desejar ardentemente ser os mais inteligentes ou aquele que tem mais ideias criativas. A nossa ganância pode gravitar em torno de comida, da necessidade de diversão, ou até da autopiedade, quando buscamos gananciosamente a simpatia dos outros. A ganância pode se manifestar como possessividade com relação aos amigos, filhos, parceiros ou cônjuges.

O nosso eu ganancioso, quando fora de equilíbrio, nos nega a experiência de viver num universo onde todos ganhem, pois ele busca maneiras de se dar bem – mesmo que isso signifique mentir, enganar ou roubar. Isso pode nos custar o nosso autorrespeito, os nossos relacionamentos e a nossa paz interior. A piada cósmica é que, enquanto a nossa natureza gananciosa estiver fora de controle, podemos sentir uma eterna insatisfação e uma fome insaciável, pois estaremos sempre buscando mais, mesmo que tenham se passado poucas horas desde a nossa última "grande refeição". Enquanto não conseguirmos equilibrar a natureza gananciosa do nosso ego sendo generosos, estamos fadados a agir de maneira inadequada, tentando arrebanhar tudo para nós, sem dar a mínima importância às necessidades dos outros.

O antídoto espiritual: A generosidade

Quando a nossa natureza gananciosa é equilibrada com a generosidade, fincamos os pés no solo da nossa verdade mais profunda. Enquanto a ganância nos diz que não existe o suficiente para todos, a generosidade garante que existe – uma abundância de amor, dinheiro e sucesso. Quando estamos fora de equilíbrio e distantes do nosso coração amoroso e da nossa natureza generosa, queremos agarrar tudo o que podemos – poder, atenção, amor –, mesmo que isso pertença a outra pessoa. As nossas tendências gananciosas estão sempre indagando, "O que você tem que me interessa?", enquanto a nossa natureza generosa pergunta, "O que eu posso fazer por você?" Quando equilibramos o nosso eu ganancioso com a nossa bondosa generosidade, somos abençoados com a capacidade de pedir o que merecemos e confiar que há o suficiente para todos. Ser generoso – com a nossa atenção, com a bondade, com os talentos, com o nosso dinheiro – é uma demonstração da nossa fé de que existe o suficiente para todos, e nesse estado de fé, temos mais do que o suficiente para as nossas necessidades.

Embora a generosidade possa envolver a doação de riquezas, comida, roupas, dons e outras coisas, afirmo que isso é só uma parte da generosidade. Ser generoso não significa que temos de dar grandes quantidades de dinheiro. Não significa que temos de despejar sobre aqueles à nossa volta presentes e quinquilharias. A generosidade abrange toda uma gama de coisas intangíveis também. Ser generoso significa ouvir mais atentamente as outras pessoas, em vez de buscar avidamente oportunidades para expressar as crenças e opiniões nas nossas conversas. Quando somos generosos o suficiente para demonstrar interesse pelos pensamentos, sentimentos e atividades das outras pessoas, deixamos os próprios interesses de lado e somos verdadeiramente capazes de ouvir as necessidades daqueles que amamos.

A verdadeira generosidade começa na privacidade do nosso mundo interior; como tudo mais, ela precisa começar em casa. Quando somos generosos com nós mesmos, sentimos que somos pessoas valorosas e dignas. E quando sentimos que somos valorosos e dignos, atraímos automaticamente mais da bondade do universo para a nossa vida. Quando estamos conectados com a generosidade inerente do universo, o nosso coração fica naturalmente mais aberto e nos sentimos seguros para dar e receber. Dessa maneira, o cultivo da generosidade conosco nos ajuda a entender como ser mais autenticamente generoso com os membros da família, os amigos, os conhecidos e os estranhos.

A generosidade é o antídoto espiritual que tem o poder de neutralizar e equilibrar a nossa natureza gananciosa. O bom sobre a generosidade é que ela não provoca nenhuma perda nem faltas para quem dá. A verdadeira generosidade – qualquer coisa que é oferecida de coração sem apego – inevitavelmente volta para quem a demonstra. Ela é uma transação energética com o universo que nos é devolvida – na maioria das vezes, com lucros. O doar com desprendimento anda lado a lado com a fé e com a gratidão, pois aprendemos que, se damos, também recebemos. A generosidade desperta naturalmente quando estamos conectados com o nosso eu superior.

Alerta número 3: Arrogância

A nossa natureza arrogante pode se disfarçar de grandiosidade ou de uma enorme autoconfiança, mas na verdade ela está enraizada na inadequação, na insegurança e no medo. A arrogância é uma expressão da nossa obsessão por ser maior, mais inteligente, mais grandioso e mais importante do que as outras pessoas, para compensar o que acreditamos estar faltando. Por nos sentirmos tão pequenos e insignificantes, precisamos parecer maiores do que somos para provar que, na verdade, somos especiais. Tentando compensar o medo de não sermos bons o suficiente, adotamos a atitude "Sou mais virtuoso que você" e podemos de fato começar a acreditar que somos melhores do que aqueles à nossa volta. Embora a arrogância possa nos levar a sermos mais informados, bem relacionados e bem-sucedidos, a sua motivação é esconder os nossos pontos fracos e exagerar os nossos pontos fortes. A arrogância proporciona a fachada perfeita, permitindo-nos ser manipuladores, irresponsáveis, controladores e violadores de regras – só para dar alguns poucos exemplos. Ela nos faz olhar de cima a baixo com condescendência para aqueles que consideramos inferiores a nós. A arrogância nos leva a acreditar que estamos acima de qualquer censura e que as regras não se aplicam a nós. Disfarçadas na forma de justificativas e retidão, as tendências arrogantes do nosso ego nos levam a pensar que podemos fazer o que temos vontade e não seremos questionados ou pegos. A arrogância aparece em nossa vida usando vários disfarces. Ela se mostra em todos os julgamentos que fazemos contra os outros, está por trás das nossas ironias moralistas e nos mantém leais ao que acreditamos ser verdade, mesmo quando há provas do contrário bem diante dos nossos olhos.

Para descobrir onde e como a arrogância se mostra na nossa vida, só precisamos examinar os nossos julgamentos e projeções. É arrogância julgar os outros e pensar em nós como se fôssemos mais evoluídos do que de fato somos. Sempre que somos afetados pelo comportamento de outras pessoas e pensamos "Elas são umas retardadas!" ou "Por que não conseguem fazer uma coisa tão simples?!", é bom refletir se isso não seria um aviso de que estamos projetando sobre os outros alguns dos nossos aspectos indesejáveis e de que a nossa arrogância está servindo como mecanismo de defesa para que não vejamos algo sobre nós mesmos que não queremos ver. Sempre que apontamos o dedo, cheios de razão, ou sempre que temos certeza de que outra pessoa está aquém do seu potencial, precisamos voltar os nossos olhos para nós mesmos. Isso requer uma grande humildade.

A arrogância sem o antídoto espiritual da humildade nos leva a uma mentalidade impenetrável que nos impede de fazer uma autoavaliação honesta e reconhecer os nossos impulsos sombrios, as nossas tendências destrutivas e quais dos nossos comportamentos são – e não são – aceitáveis. Quando fora de controle, o nosso eu arrogante se fecha para qualquer resposta do nosso eu superior e do mundo exterior. Quando a arrogância está dominando a nossa consciência, andamos por aí cheios de autoconfiança e a toda velocidade – só que na direção errada. Convictos demais para considerar outro ponto de vista e excessivamente orgulhosos para pedir ajuda quando necessário, deixamos que a arrogância seja a culpada por levar muitos à bancarrota. Como se tivéssemos o rei na barriga, sentimos por um momento que somos maiores do que a própria vida. Mas, como você sabe, quanto maior a altura, maior a queda.

Acreditando que sabe mais do que todo mundo, o nosso eu arrogante pode ser reconhecido pelo seu ar orgulhoso e intimidador e pelo hábito de desafiar a lei. "Fiz porque quis" é a voz da nossa arrogância. Uma dose de humildade é justamente o necessário para equilibrar a nossa natureza arrogante e nos lembrar de que somos apenas uma dos 6 bilhões de pessoas deste planeta e que as regras se aplicam a todos. A humildade equilibra a arrogância e a coloca em seu devido lugar.

O antídoto espiritual: Humildade

Quando recorremos à natureza humilde, temos uma consciência pacífica do nosso lugar no todo maior. Através de olhos humildes, somos capazes de ver as boas intenções dos outros e celebrar – em vez de comparar e condenar – as nossas diferenças. A humildade faz de nós pessoas dispostas a aprender e nos abre para a opinião dos outros; ela também fortalece a capacidade de ouvir verdadeiramente a nós mesmos e às outras pessoas. Ela nos dá a chance de não saber tudo e faz com que não nos apeguemos ao resultado a que um dia nos agarramos para nos sentir seguros. A humildade nos dá tanto disposição para mudar como visão para fazer as mudanças de que precisamos. Despidos da capa falsa de arrogância, somos humildes o bastante para nos ver como somos, e só então podemos começar a divisar a pessoa que somos capazes de nos tornar.

Com humildade, a nossa identidade um dia rígida se torna mais flexível, por isso não nos sentimos mais compelidos a impor as nossas opiniões e a nossa pessoa sobre os outros. A humildade nos permite conservar os valiosos recursos energéticos que desperdiçamos tentando provar que somos superiores aos outros. Ela nos liberta da prisão de tentar parecer melhor do que os outros, diminuindo-os, e em vez disso nos dá permissão para celebrar as suas conquistas e diferenças.

Destituídos da arrogância, das justificativas e da convicção de estar sempre com a razão, podemos andar sob a luz do dia sem o escudo do nosso falso orgulho.

O nosso lado humilde entende que não somos nem melhores nem piores do que ninguém. Ele entende que, em circunstâncias diferentes, podemos fazer exatamente o que as outras pessoas fazem e nós criticamos. Cultivando a humildade, aprendemos a desviar a atenção para nós mesmos, em vez de desperdiçar o tempo preocupando-nos com o comportamento dos outros. A verdadeira humildade nos dá sabedoria para evitar a armadilha de projetar a nossa escuridão nos outros e nos deixa conscientes das nossas imperfeições e inseguranças, e prontos para aceitá-las.

A humildade nos permite abraçar as nossas perfeições e falhas com igual reverência. Até que sejamos suficientemente humildes para admitir que temos os mesmos impulsos que as outras pessoas, e até que estejamos em paz com a nossa humanidade – tanto o nosso lado escuro quanto a nossa luz –, continuaremos a deixar que a arrogância do nosso ego ferido nos cegue e crie circunstâncias que devastam a nossa vida. Continuaremos a manifestar exatamente aquilo que lutamos tanto para evitar.

Com o antídoto espiritual da humildade, somos capazes de deixar de lado tudo o que fazemos para nos mostrar aos outros. Somos capazes de pedir ajuda quando necessário. O nosso eu humilde não desperdiça uma grande dose de energia resistindo quando as coisas não são como esperávamos, pois ele conclui que existe uma ordem maior em ação. Com a humildade, desistimos da ideia de que sabemos o que é melhor para nós. A humildade nos liberta da armadilha de nos acharmos donos da razão e julgarmos os outros, e permite que nos fundamos com o todo coletivo. A humildade nos convida a desviar a atenção para nós mesmos e "mudar as coisas que podemos", em vez de tentar arrogantemente controlar a vida dos outros. Em tempos de dor e desorientação, a humildade nos permite entregar os pontos, cair de joelhos e pedir o apoio de que precisamos desesperadamente.

Quando o nosso eu arrogante é moderado com a humildade, não temos mais que participar desnecessariamente de ostentações para provar o nosso valor às pessoas à nossa volta. Em vez disso, sentimo-nos livres para viver uma vida mais simples, para nos preocupar em assumir a nossa responsabilidade e manter a integridade em nossas ações. Podemos reconhecer humilde e honestamente os nossos erros, sem o fardo da vergonha, e aproveitar a sabedoria e o aprendizado que podem nos proporcionar. No momento em que nos abrimos para a vastidão de quem somos, ficamos tão impressionados que nos tornamos humildes.

A humildade é uma expressão natural do nosso eu total, pois ela nos ajuda a ver que, embora sejamos brilhantes, fantásticos e amorosos, podemos também ser mentirosos, charlatães e incompetentes. Ela nos permite sermos gentis e amorosos com nós mesmos, não importa o que as circunstâncias da vida exterior possam estar refletindo. A humildade nos dá a liberdade de viver uma vida autêntica e contar com o nosso poder superior, quando compartilhamos os nossos dons com o mundo.

Alerta número 4: Intolerância

O medo das nossas próprias falhas e a vergonha que nos causam as experiências passadas nos fazem ser intolerantes com os outros. Somos intolerantes com aqueles que refletem partes nossas que nos assustam ou pelas quais sentimos aversão. A intolerância faz com que julguemos severamente aqueles que são diferentes de nós, pois tememos que, ao aceitá-los, teremos de admitir as nossas próprias fraquezas. A superioridade é a face da nossa intolerância e esta é a sua voz: "Sou melhor do que você, superior a você – em outras palavras, estou mais certo do que você". Sentindo-nos pequenos e inadequados, ingenuamente acreditamos que, se pudermos, de algum modo, ignorar esses sentimentos e nos concentrar nas falhas das pessoas, ninguém descobrirá a verdade sobre quem somos. Sentindo-se imperfeito ou defeituoso, o nosso ego ferido tenta desesperadamente tornar-se maior do que é, diminuindo os outros e se alimentando da sensação que a intolerância proporciona de sermos os donos da verdade. Fora de controle, o ego ferido acaba construindo uma fortaleza impenetrável de virtuosa intolerância, alicerçada na condenação e no desdém que sentimos por nós mesmos e pelas outras pessoas.

A nossa intolerância com os outros é sempre um reflexo da intolerância que demonstramos com nós mesmos. Sempre que julgamos, odiamos, humilhamos ou condenamos outra pessoa ao ostracismo, fazemos isso porque tememos ser julgados, humilhados, rejeitados ou estigmatizados. Se fôssemos dar voz ao que existe por trás dos nossos pensamentos e sentimentos de intolerância, teríamos de dizer que, "Mais que tudo, eu temo ser menos do que você".

A intolerância com nós mesmos ou com os outros, sem o equilíbrio da compaixão, manifesta-se como uma rigidez virtuosa que nos distancia do nosso coração e da nossa consciência. Ela é um dos alertas de desastre porque gera separação, fanatismo e crimes motivados por preconceito. A intolerância, em sua forma mais brutal, quer tudo do seu jeito e tenta eliminar qualquer coisa que seja diferente. Ela afasta as pessoas que amamos, os amigos e outras pessoas importantes, privando-nos de companhia, laços de amizade e amor. Quando condenamos os outros, sem perceber nós nos condenamos a uma vida de raiva, amargura, intolerância e, muito frequentemente, solitária desolação.

Quando o nosso eu intolerante é abandonado à própria sorte, sem o equilíbrio da compaixão, é só uma questão de tempo até que acabemos ferindo as pessoas que mais amamos. Crentes de que o nosso ponto de vista é o certo, seguimos em frente, alheios aos sentimentos das pessoas que julgamos.

A intolerância corre solta na nossa sociedade e se mostra de variadas formas. Criticar e condenar o estilo de vida das outras pessoas é uma expressão da nossa intolerância. A falta de paciência com os mais velhos ou com as crianças também é uma mostra de intolerância. A intolerância se mostra na atitude de xingar os outros motoristas na rua ou de sentir ódio por alguém com base na preferência sexual dessa pessoa ou nas suas ideias políticas. Condenar as pessoas por causa de suas crenças religiosas – ou pela falta delas – é uma face muito conhecida da intolerância.

Quando somos intolerantes, estamos presumindo que sabemos o que é certo e o que é errado, o que é bom e o que é ruim, o que é útil e o que é inútil numa dada situação – mesmo que tenhamos informações limitadas nas quais basear as nossas opiniões. Essa é uma bandeira vermelha! Ao supor que sabemos o que é certo, a intolerância nos impede de ver as coisas de maneiras novas, de ir além das limitações do passado e de encontrar maneiras novas e mais eficientes de nos relacionar com os outros. Enquanto demonstrarmos intolerância com as pessoas, as ideias e as situações, asseguramos que a nossa vida não mudará para melhor. Pois, quando adotamos a postura inflexível e resistente da intolerância, somos incapazes de aceitar um novo pensamento, uma nova crença ou um novo curso de ação que possam ameaçar a nossa posição supostamente correta e, portanto, o nosso *status quo*.

O antídoto espiritual: Compaixão

A nossa natureza compassiva suaviza a intolerância com amor e compreensão, levando-nos ao perfeito equilíbrio. A compaixão nos brinda com paciência, visão ampla, aceitação, tolerância e amor. Quando somos compassivos, o nosso coração fica grande o suficiente para que aceitemos os outros como eles são, incluindo as suas falhas. A compaixão nos ajuda a reconhecer e aceitar o fato de que nós também temos falhas, cometemos erros e às vezes ficamos confusos, desorientados e inseguros. Ela nos leva a ver que são as nossas falhas e imperfeições que nos dão profundidade e originalidade. Ela permite que nos olhemos no espelho e vejamos a nossa verdadeira beleza, mesmo em meio aos julgamentos e criticismos do nosso ego ferido. A compaixão nos confere empatia e a licença para sermos totalmente nós mesmos. Através dos olhos espirituais da compaixão, nós nos vemos como um filho adorado deste universo divino.

Quando a nossa intolerância está equilibrada com a compaixão, temos a certeza de que todas as experiências propiciam sabedoria e significado, e começamos a ver as situações de dor da nossa vida como oportunidades para crescermos e descobrimos uma expressão maior de nós mesmos. Podemos aceitar acontecimentos aparentemente sem sentido como algo que faz parte de um propósito, e podemos ver a beleza oculta dentro de nós quando estamos olhando apenas através da nossa perspectiva individual limitada. Só quando contrabalançamos a nossa intolerância com compaixão podemos fazer as pazes com a pessoa que fomos e nos abrir para a vastidão da pessoa que podemos nos tornar.

A compaixão é o antídoto para a nossa intolerância com os outros, pois ela nos ajuda a nos colocarmos no lugar do outro e imaginar como seria ver a vida através dos olhos dele. Para invocar o antídoto espiritual da compaixão, precisamos apenas respirar fundo e pedir, "Que eu possa ver essa situação de uma perspectiva mais ampla. Que eu possa entender como essa pessoa ou experiência pode servir ao todo maior. Abra-me para a dor do coração dessa pessoa". Na conexão universal que a compaixão proporciona, compreendemos a dor e as mágoas das outras pessoas, por isso somos capazes de perdoar aqueles que nos feririam e somos menos tentados a levar para o lado pessoal o mau comportamento alheio. Ajudando-nos a nos conectar com a condição universal da dor e do sofrimento humanos, a compaixão dissipa a ilusão da separação, que nos mantém nos perpétuos papéis de vítima e vitimador. Com compaixão, podemos ir além dos limites de nossa própria resistência, além da vergonha e do julgamento que nos tornam intolerantes, e podemos avançar rumo à plenitude do nosso verdadeiro ser. A compaixão nos leva a entender que, como cidadãos deste planeta, estamos todos no mesmo barco e que, para assegurar a nossa sobrevivência, precisamos cultivar e manter uma visão nova e mais abrangente com relação ao que é possível para nós e para a raça humana como um todo.

Um ato de compaixão pode salvar a vida de alguém. Imagine por um momento que, para cada história de ganância, luxúria, ódio, intolerância ou egoísmo com a qual somos bombardeados todos os dias, ouvimos uma história de compaixão: o pai de duas crianças que não hesitou em arriscar a vida para evitar que alguém morresse nos trilhos do metrô; o estranho que estende a mão para uma alma em sofrimento e que, sem saber, altera o curso da vida dessa pessoa; um gesto aleatório de bondade que faz com que alguém questione a sua crença de que ninguém se importa com ninguém e que renova a sua fé no bem e na união entre as pessoas. A compaixão é uma força tão poderosa quanto qualquer ato de ódio, mas precisamos procurar oportunidades para expressá-la.

A nossa natureza compassiva tem o poder de nos elevar acima do véu do nosso eu inferior e nos conduzir ao reino do coração coletivo, onde temos acesso à sabedoria mais profunda que qualquer ilusão de separação. Conectados a esse amplo campo de amor e consciência, tornamo-nos naturalmente magnéticos, atraindo para nós tudo de que precisamos no nível mais profundo. A compaixão é o grande antídoto espiritual para a intolerância que permeia a condição humana.

Alerta número 5: Egocentrismo

Quando o nosso ego ferido se consome na própria dor, perda e limitações, ficamos mais suscetíveis a cair no poço do egocentrismo. O egocentrismo é um alerta de desastre porque é quase impossível ver o próprio mau comportamento e evitar as armadilhas em potencial quando estamos focados de maneira míope na nossa pequena realidade. Quando estamos imersos apenas nas próprias dores e alegrias, provas e tribulações, de fato passamos a acreditar que a nossa vida é mais importante do que a vida das pessoas à nossa volta. As nossas boas notícias são as únicas que merecem ser dadas e os nossos problemas são os mais árduos, dolorosos e desafiadores – os mais difíceis de resolver. Quando estamos focados somente em nós (ou talvez eu deva dizer "auto-obcecados"), é muito fácil ficarmos presos à síndrome do "tudo me diz respeito", que nos cega para o impacto que o nosso comportamento tem sobre as outras pessoas.

Evidentemente, é o medo de não sermos bons o suficiente, de não sermos importantes e de não sermos ninguém em especial que nos leva a ser egocêntricos. A nossa profunda preocupação com a possibilidade de passarmos despercebidos ou de que não se importem conosco é que nos leva a ficar aflitos com as nossas próprias necessidades e a buscar atenção obsessivamente. A experiência de "não ser o suficiente" causa egocentrismo quando tentamos compulsivamente buscar no mundo o que achamos que nos falta. O egocentrismo é o culpado por trás da nossa sociedade cada vez mais rude, na qual todo mundo parece estar gritando em massa, "E eu?"; "É a minha vez!"; "Tenho direito a mais tempo [ou a mais dinheiro, a mais atenção ou a mais coisas]!" Quando somos egocêntricos, ficamos totalmente alheios a qualquer coisa que não sejam as nossas necessidades e interesses pessoais. E como estamos preocupados apenas com nós mesmos, não vemos os sinais de advertência – as bandeiras vermelhas – indicando que as nossas escolhas e comportamentos podem nos levar numa direção perigosa.

O sentimento de merecimento nos oferece uma pista de que estamos trilhando o caminho que leva ao egocentrismo. Quando achamos que o mundo nos deve algo, a nossa natureza egocêntrica se sente no direito de ter o que quer – seja uma oportunidade, o cônjuge de outra pessoa ou a chance de ser o centro das atenções. O nosso senso de direito adquirido nos faz acreditar que merecemos um tratamento especial, sejam quais forem os sentimentos das pessoas à nossa volta. O egocentrismo pode nos cegar, caso não tomemos consciência dos seus perigos. Chega um dia em que estamos tão obcecados com as próprias necessidades que nos pegamos assaltando o cofrinho dos nossos filhos ou fraudando a empresa em que trabalhamos. O nosso comportamento egocêntrico pode nos dar a sensação de vigor por um momento, mas no final nos deixa indiferentes ao amor, ao respeito e à amizade das outras pessoas, e à nossa própria dignidade.

O egocentrismo gera impulsos narcisistas e precisa ser equilibrado com uma preocupação sincera com o bem-estar dos outros e o compromisso de contribuir para fazer deste mundo um lugar melhor. Quando só olhamos para o próprio umbigo, é porque perdemos de vista a nossa ligação com o todo maior. Contribuir com os outros e retribuir o que recebemos é o único antídoto espiritual que pode nos devolver o equilíbrio.

O antídoto espiritual: Disposição para servir

A natureza egocêntrica nos impede de acessar o aspecto do nosso ser que quer simplesmente fazer algo de bom pelo mundo. Esse aspecto, que existe no cerne de todo ser humano, é o que faz deste mundo o lugar extraordinário que ele é. Quando estamos em contato com o nosso eu prestativo, sabemos que somos importantes. Sabemos que o que dizemos e fazemos faz diferença e intuitivamente nos preocupamos tanto com o bem-estar dos outros quanto com o nosso. Quando nos abrimos à parte de nós que anseia por fazer parte do todo maior e fazemos contato com ela, somos subitamente transportados para além da pequenez do fator "eu" e nos tornamos capazes de equilibrar as maneiras pelas quais servimos aos nossos próprios interesses.

Todos nós nascemos com um desejo inato de contribuir com algo maior do que nós mesmos e fazer parte disso. A nossa maior honra e responsabilidade como seres humanos é servir os outros, e quando estamos totalmente envolvidos na graça de servir, contribuindo com o mundo, e focados em dar em vez de receber, somos agraciados com uma nova percepção – não só do mundo e das pessoas, mas de nós mesmos. Usando os nossos talentos em toda a sua potencialidade –

seja para levantar fundos, ajudar a distribuir alimentos ou chamar a atenção da população para um dos milhares de problemas que assolam o meio ambiente, as nossas crianças ou o nosso espírito –, nós nos elevamos acima da insignificância dos problemas individuais e partimos rumo a um propósito maior. Quando estamos dispostos a usar a dor e os infortúnios pelo bem do todo maior, livramo-nos do fardo da nossa dor pessoal.

A disposição de servir requer que deixemos de lado as expectativas e não nos apeguemos ao modo como a nossa contribuição deve ser, para simplesmente nos deixar ser usados como instrumentos pelo bem de um todo maior. Quando os nossos impulsos narcisistas são equilibrados pelo desejo mais profundo de contribuir com os outros, nós nos dispomos a fazer uma escolha mais elevada – se não por nós mesmos, pelo bem daqueles que servimos. Nós nos dispomos a sentir o desconforto provocado pela não satisfação das nossas necessidades pessoais, quando vemos que o nosso sacrifício pode atender às necessidades de muitos. A disposição de servir exige que renunciemos aos desejos pessoais em favor do que é bom para a coletividade. Quando olhamos da perspectiva de como podemos servir ao todo maior, buscamos maneiras de retribuir, de estender a mão – mesmo que o mais secreto e profundo desejo do nosso ego seja acumular riquezas. Servir aos outros é um dom divino que nos eleva acima do ciclo doloroso de sermos o nosso pior inimigo, pois o serviço altruísta nos faz sentir que pertencemos a um grupo maior e somos membros abnegados do coração coletivo.

Alerta número 6: Teimosia

Podemos pensar na teimosia como um traço de caráter relativamente inofensivo, mas, na busca por entender os mecanismos da autossabotagem, precisamos expor o verdadeiro preço da nossa mentalidade rígida e da nossa inflexibilidade. A teimosia é essencialmente uma forma de raiva não expressa – ou raiva reprimida. Sempre que outra pessoa ameaça a nossa autonomia ou o nosso poder, sempre que sentimos que outra pessoa está tentando nos guiar – ou, Deus nos livre, nos controlar –, a nossa natureza receptiva e flexível começa a se cristalizar, até adquirir uma rigidez fixa. E, quando nos falta habilidade ou disposição para expressarmos a raiva completamente, para lidar com o que quer que esteja desafiando a nossa autoridade, a nossa raiva obstinada, inamovível, volta-se contra ela própria e passamos a nos agarrar tenazmente às nossas próprias percepções, pensamentos e comportamentos – sejam úteis ou não.

A teimosia pode se manifestar como um intragável senso de justiça, como um calado retraimento ou uma franca resistência contra o que ou quem quer que consideremos nosso oponente. Ela se ergue como os muros de uma prisão, separando o que incluímos do que excluímos da nossa realidade particular. Temos orgulho de nos manter firmes na nossa postura justa e honrada, que aos nossos olhos nos protegem de forças indesejáveis e inoportunas, mas com isso sacrificamos a flexibilidade e a receptividade. Embora às vezes seja apropriado defender com veemência a nossa opinião ao testarem os nossos limites, quando a nossa teimosia não é atenuada pela disposição, acabamos nos apegando a escolhas que não nos beneficiam mais. Quando não estamos dispostos a analisar as nossas opiniões de uma nova perspectiva, não conseguimos enxergar as consequências destrutivas da nossa postura inflexível e obstinada.

A teimosia é uma raiva justificada e alicerçada no medo e na resistência. Quando percebemos que estamos defendendo com muito fervor o nosso modo de fazer as coisas, brigando para provar a superioridade das nossas opiniões ou nos fechando para as opiniões das pessoas à nossa volta, um alarme deveria soar na nossa consciência, alertando-nos de que estamos sendo influenciados pelas feridas do nosso ego. Se esse alerta de desastre for ignorado, estaremos desistindo, só para não perder a "razão", justamente daquilo que faz a vida valer a pena. A teimosia nos faz pensar que ter razão é mais importante do que ser feliz. Ter razão é mais importante do que ser amado. Ter razão é mais importante do que passar pelo incômodo de mudar.

Antídoto espiritual: Disposição

A disposição – para ver outra possibilidade, considerar um novo ponto de vista e admitir que não temos todas as respostas – é o antídoto espiritual que suaviza a postura enrijecida da teimosia. Quando estamos dispostos a fazer tudo isso, ficamos receptivos, flexíveis, mutáveis e maleáveis. Independentemente do quanto estejamos arraigados às nossas opiniões, suposições e comportamentos, aceitamos de bom grado as opiniões dos outros. Somos capazes de crescer de novas maneiras e de nos abrir a novas oportunidades que a nossa teimosia encarava com suspeita.

Com o antídoto espiritual da disposição, ganhamos força para admitir o que não podemos mudar, o que está fora do nosso controle e o que não cabe a nós começar. Do mesmo modo, é só quando estamos dispostos a aceitar a verdade que podemos ver com clareza o que realmente *precisamos* mudar e o que *é* nossa responsabilidade. A disposição nos estimula a entrar em ação, a concluir o que deixamos inacabado, a retrair as garras e suavizar a teimosia do nosso ego ferido.

A teimosia nada mais é do que a tentativa desesperada do nosso ego ferido de reivindicar o seu poder. Para a maioria de nós, não é nada fácil entregar os pontos, abrir mão do controle e deixar as coisas seguirem o seu curso. É preciso muita disposição para enfrentar o mundo sem as nossas crenças "moralmente corretas" e, no entanto, esse é o único caminho que nos leva à verdadeira intimidade, ao amor profundo e à plenitude.

Considere por um momento tudo o que você conseguiria se fosse mais flexível, maleável e condescendente. O que aconteceria se você encontrasse disposição para mudar as coisas que não servem mais para você ou para a sua vida? E se você se dispusesse a deixar de lado a história que conta a si mesmo sobre como as pessoas são e permitisse que elas fossem diferentes? E se você se dispusesse a aceitar que tem uma ideia equivocada com relação a si mesmo; questionasse, com o poder que lhe foi dado, os seus pensamentos sombrios, os seus impulsos destrutivos e comportamentos compulsivos; e resolvesse fazer escolhas que possibilitassem a sua expressão mais elevada?

A disposição é o terreno fértil de Deus; é a matéria da qual a reinvenção é feita. Com disposição somos capazes de nos reinventar radicalmente e reavaliar as nossas escolhas de tempos em tempos.

Alerta número 7: Falsidade

Uma vez ouvi dizer que todos os mentirosos um dia acabam acreditando nas próprias mentiras. É justamente isso que faz da falsidade algo tão perigoso. Todo ato de fraude, extorsão, sonegação, vício ou infidelidade implica falsidade. Viciados de todos os tipos são mestres em esconder o seu comportamento e mentir para si mesmos e para os outros sobre as consequências perniciosas do seu comportamento. Os adúlteros muitas vezes começam tentando se convencer de que estão envolvidos num flerte sem maiores consequências, e enganam a si mesmos sobre aonde as suas atitudes podem levá-los. Os mais ardilosos são aqueles capazes de manipular os fatos de tal forma que fica difícil até discernir a verdade por trás das suas invenções. Os extorsionários são mestres na arte de enganar, pois distorcem os fatos ao mesmo tempo em que acusam as vítimas de mentir. Depois que você sabe o que procurar, consegue localizar facilmente uma pessoa falsa: ela é aquela que está sempre questionando a integridade dos outros.

A falsidade se mostra tanto de maneiras óbvias quanto de maneiras mais sutis. Podemos dizer às pessoas que somos felizes no nosso casamento quando não fazemos amor há um ano. Podemos dizer a nós mesmos que os nossos filhos estão indo muito bem mesmo que eles roubem dinheiro da nossa carteira e andem por aí em más companhias. Podemos racionalizar que não há nada de errado em sonegar impostos ou mentir no relatório de despesas, pois afinal de contas, muitas pessoas fazem o mesmo. Sempre que nos pegamos mentindo, distorcendo os fatos, inventando histórias, exagerando, dando a nós mesmos mais crédito do que merecemos ou nos mostrando de uma maneira que não reflete a nossa verdadeira natureza, precisamos reconhecer esses comportamentos como alarmes, chamando a atenção para a nossa falsidade. E, se permitirmos que essa falsidade continue sem a influência magnânima da honestidade e da integridade, ela acabará por destruir os nossos relacionamentos, a nossa saúde, a nossa prosperidade e a nossa carreira profissional.

Nós somos falsos com nós mesmos e com os outros porque não queremos enfrentar a dor de dizer a verdade. Não queremos continuar sem ter nada ou viver a experiência da falta. Não queremos sentir o desconforto de ter uma necessidade física, psicológica ou emocional insatisfeita, por isso viramos as costas para a nossa integridade e trilhamos o caminho da falsidade, esperando nos sentir melhor, conseguir alguma satisfação momentânea, parecer bem ou ser aceitos. Mentir aos outros com relação à nossa verdadeira natureza nos dá alguma oportunidade que tememos não ter se dissermos a verdade. Quanto mais interpretamos a verdade à nossa moda, mais temos que mentir para manter a charada, razão por que um ato de falsidade leva a muitos outros.

Quando nos faltam integridade e honestidade, a nossa natureza enganosa cria uma teia de mentiras à nossa volta que torna difícil manter a história ou lembrar que versão da "verdade" contamos e a quem contamos. Em consequência, vivemos num estado de paranoia, receosos de divulgar sem querer alguma informação que possa contradizer as nossas mentiras. Começamos a viver num mundinho cheio de segredos, onde precisamos despender uma grande quantidade de energia só para administrar as nossas mentiras. Vivemos na ilusão de que teremos mais segurança, reconhecimento ou amor, mas uma vida vivida à base de mentiras tem alicerces instáveis que podem ruir a qualquer momento, levando abaixo o nosso castelo de mentiras. É só uma questão de tempo até que os nossos truques e segredos sejam expostos aos olhos de todos. E, então, tudo que nunca quisemos ver ou admitir sobre nós mesmos se materializa diante dos nossos olhos como um tapa na cara.

Antídoto espiritual: Integridade

A integridade é o antídoto que equilibra a nossa natureza enganosa e nos dá coragem para avaliar honestamente se as nossas ações estão de acordo com os valores mais elevados. Para vencer os perigos da falsidade, a integridade precisa começar em casa. Ela não é uma condição que possamos reivindicar, mas um estado interior que precisamos cultivar. A falsidade nos leva a esconder as nossas fraquezas, falhas, tentações ou os nossos impulsos mais sombrios, mas a integridade nos dá coragem para aceitá-los como parte do que somos e de vê-los no contexto mais amplo dos nossos valores e crenças.

Muitas vezes, portanto, as atitudes de falsidade se ocultam na escuridão da nossa semi-inconsciência. Somos pegos na ânsia de alcançar a linha de chegada ou dominados pela luxúria, pela ganância ou pela intolerância. A integridade traz luz para os nossos impulsos escuros e nos força a assumir a responsabilidade pelas nossas atitudes. Ela nos ajuda a lembrar que os nossos pensamentos, palavras e atitudes fazem diferença porque afetam um todo maior.

Toda vez que cometemos um ato de falsidade, é porque estamos nos preocupando apenas com nós mesmos. A integridade ameniza o nosso egoísmo e nos ajuda a nos lembrar do todo. É mais difícil desviar dinheiro do caixa da empresa quando pensamos na vida daqueles que serão prejudicados pelas nossas atitudes. Pensamos duas vezes antes de enganar o nosso cônjuge quando nos lembramos do que essa pessoa representava para nós quando nos casamos. Será mais difícil para nós ter uma vida dupla ou alimentar um vício se formos honestos sobre os efeitos que o nosso comportamento tem sobre os nossos pais, filhos, amigos, parceiros, namorados ou colegas de trabalho.

Não pode existir integridade sem a mais completa honestidade. Fingir que contar uma meia verdade é o mesmo que ser honesto é só outra maneira de enganarmos a nós mesmos. A integridade é derrotada pela falsidade se roubamos mil dólares ou centenas de milhares, se enganamos o nosso cônjuge uma noite ou mantemos um caso durante anos.

Para termos integridade é preciso que equilibremos todas as áreas da vida e façamos as pazes com nós mesmos, assim como com o nosso passado. Quando vivemos uma vida de integridade, somos capazes de andar de cabeça erguida, ser transparentes, ser vistos e nos expor. Não sentimos necessidade de esconder quem somos ou o que estamos fazendo, e nos sentimos seguros quando outras pessoas conhecem os nossos hábitos diários. Quando a nossa natureza enganosa é equilibrada com a integridade, temos confiança para abrir as portas da nossa casa, do nosso negócio, da nossa conta bancária e dos boletos do nosso cartão de crédito, e nos sentimos orgulhosos ao mostrar que somos membros responsáveis e produtivos da comunidade. A integridade nos mantém na estrada reta para o sucesso – a estrada que garante que honraremos os nossos valores, que nos lembraremos do que é importante e que faremos escolhas conscientes.

Se vivermos uma vida de integridade, não temos que nos preocupar com os outros alertas. Quando somos honestos com nós mesmos e coerentes com os nossos valores, admitiremos quando formos gananciosos, arrogantes, intolerantes, teimosos, egocêntricos ou falsos e conseguiremos a ajuda de que precisamos. A integridade nos deixa um rastro para seguirmos quando perdemos contato com o nosso eu superior. Enquanto a falsidade nos garante uma vida de medo, vergonha e incerteza, o antídoto espiritual da integridade nos confere paz de espírito e um coração cheio de alegria.

11

A FORÇA DO PERDÃO

O perdão é meio caminho entre o passado e o futuro, entre o nosso pequeno eu individual e a natureza todo-abrangente do nosso eu superior. O perdão é o santo remédio do coração doente. É o elixir mágico que garante uma vida muito além da programação humana automática. É a única porta para um futuro livre da dor. Do seu solo fértil, do ponto de vista emocional e espiritual, o perdão encerra uma quantidade exorbitante de amor, saúde, paz, vitalidade, intimidade e sucesso.

Muitos anos atrás, alguém me enviou um cartão com os dizeres, "O amor é a resposta – seja qual for a pergunta". Eu de fato acredito que o amor é a resposta, o bálsamo de cura, a solução espiritual que tem o poder de acabar com a guerra que causa uma devastação dentro de nós e com a cisão que nos separa da nossa natureza divina. Quando nos sentimos amados e capazes de amar, fazemos naturalmente as escolhas que beneficiam a todos os envolvidos. Mas antes de podermos expressar esse estado de amor puro e sereno, há uma dádiva inestimável que precisamos aprender a conceder – a nós mesmos e aos outros. Se estivermos dispostos a conceder essa dádiva, garantimos a nós mesmos uma vida de profunda sabedoria, gratidão, expansão e evolução. Se negarmos essa dádiva a nós mesmos e aos outros, garantimos uma vida de dor, infortúnio e excruciante repetição. A dádiva de que estou falando é o *perdão*.

Para curar a cisão entre o nosso lado escuro e o nosso eu superior, precisamos aprender como nos perdoar pelas nossas imperfeições, pelos desejos conflitantes, pelos anseios pouco saudáveis, pela mente crítica e pelos pensamentos cínicos. Temos de fazer as pazes com os nossos aspectos e com os aspectos da nossa vida que ignoramos, negligenciamos, violamos, traímos e odiamos – até mesmo das maneiras mais sutis. Precisamos nos perdoar por todas as segundas intenções e posturas supostamente virtuosas que nos levaram a acreditar que somos melhores ou menos que os outros e que estamos separados deles.

Também precisamos encontrar disposição para perdoar aqueles que nos magoaram, mentiram para nós, nos decepcionaram e nos traíram, pois só então poremos um fim nos ressentimentos, nas batalhas e nas lutas egoicas que nos paralisam e roubam a nossa força vital. Por fim, temos que aprender a perdoar a presença que consideramos como Deus, seja qual for o nome que lhe dermos – Espírito, o Divino, a Fonte ou qualquer outro. Temos que admitir que estamos, na verdade, zangados com essa presença, à qual me refiro como Deus. Temos que estar dispostos a sentir o nosso coração partido, depois de passar por tantas decepções, vícios, crises de saúde, maus-tratos ou violências físicas e perdoar o nosso criador por ter nos deixado nascer num mundo onde essas coisas acontecem.

Para o ego ferido, perdoar é o mesmo que admitir a derrota. Da perspectiva limitada do ego ferido, o verdadeiro alívio e compensação só podem vir da acusação, do ódio e da vingança. O nosso eu pequeno defende a sua preciosa vida por meio da nossa atitude moralista, de quem está sempre com a razão, e por meio da nossa ira, e essas duas coisas se tornam o nosso prêmio de consolação. A dor que carregamos em resultado dos erros que, aos nossos olhos, os outros cometeram contra nós torna-se parte da nossa identidade e descobrimos um tipo de conforto doentio na infelicidade que cultivamos. Para alguns de nós, ser infeliz é melhor do que perdoar e iniciar uma mudança positiva na vida. Resistimos a soltar a nossa dor porque não queremos desistir do rótulo de vítima. Para muitos de nós, essa é a última tábua de salvação. O que nos faz resistir ao perdão é a falsa crença de que teremos de tirar alguém (ou pior ainda: nós mesmos) de uma fria ou que nos pedirão para esquecer acontecimentos dolorosos que aconteceram na nossa vida. O nosso ego ferido prefere ir a pique a se agarrar à boia salva-vidas do perdão.

Mas até que perdoemos, continuaremos a nos punir. A autodestruição e a autossabotagem – estejamos nós conscientes de que as estamos cultivando ou surpresos ao nos ver inexplicavelmente atraídos para elas – são uma forma de autopunição. Você já ouviu a expressão "A culpa sempre busca o castigo"? A culpa que sentimos pelos nossos erros fica registrada na nossa consciência, queiramos ou não. A maioria de nós é especialista em fingir que as coisas ruins que fazemos não importam, e é por isso que continuamos a repetir os mesmos padrões negativos. Mas verdade seja dita, toda vez que fazemos algo que magoa outras pessoas ou a nós mesmos, registramos esse ato na nossa psique (computando as nossas violações) e depois atraímos um acontecimento infeliz para tentarmos compensar o que fizemos e aliviar a culpa e a vergonha. Eis uma história que ilustra isso perfeitamente. Aconteceu pouco tempo atrás com uma amiga minha que é hipnoterapeuta.

Stephanie estava atendendo um paciente que ela sabia praticar atos ilegais. Depois da sessão, ele pegou 150 dólares de um maço de notas e, olhando-a nos olhos, disse, "Eu sei que você pegará este dinheiro sujo". Como se estivesse em transe, Stephanie pegou o dinheiro, mesmo com uma sensação desagradável no estômago, e saiu do consultório para visitar uma amiga. Horas depois, quando saiu da casa da amiga para voltar para casa, não encontrou o seu carro onde o estacionara. Depois de alguns minutos de pânico, crente de que o carro havia sido roubado, a amiga a convenceu de que ela tinha estacionado num local proibido e por isso o carro fora guinchado. Aborrecida, Stephanie pediu à amiga para ajudá-la a encontrar o carro. No caminho para a área em que ficavam os carros rebocados, ela de repente percebeu que a multa que teria de pagar para ter seu carro de volta provavelmente seria a mesma quantia que recebera de "dinheiro sujo". E, é claro, foi exatamente isso o que aconteceu: a taxa do reboque mais a multa davam a mesma quantia que ela tinha aceitado do cliente. Ela me disse que de fato se sentiu aliviada em gastar o dinheiro dessa maneira, pois não tinha se sentido bem ao pegar o dinheiro e de certo modo o castigo que recebera no mundo exterior aliviava o fardo do "crime" que cometera.

A maioria de nós vive com a consciência pesada por causa da culpa. Nós nos sentimos culpados por não estar à altura dos ideais do nosso ego, envergonhados das coisas desesperadas que fizemos para ter amor e reconhecimento e dos modos como usamos o mundo exterior para satisfazer as necessidades interiores. Nós nos sentimos mal diante das escolhas que fizemos por ignorância, desejo de vingança ou gratificação instantânea, e cheios de remorso por causa dos nossos momentos de entrega total ao prazer e dos nossos comportamentos temerários. A maior parte de nós enterra essa dor bem fundo e simplesmente continua vivendo, sem nunca se preocupar em reconhecê-la ou digeri-la. Sentimos que precisamos ir cada vez mais rápido, tentando evitar que um dia a nossa dor nos pegue de surpresa. É como se a nossa sombra estivesse nos perseguindo – e de fato está.

Então, no alto dessa pilha crescente de culpa, medo e vergonha, pintamos um lindo sorriso brilhante, construímos uma fachada mais aceitável e fazemos o melhor possível para fingir que as coisas que nos consomem por dentro não nos incomodam tanto assim. Ironicamente, a autossabotagem nada mais é do que uma diversão que nos impede de enfrentar toda a dor que guardamos dentro de nós – os traumas com os quais não sabemos lidar, o constrangimento que ameaça o nosso ego e a vergonha que continua a erodir a nossa autoestima. Quando estamos desesperados para nos proteger do que nos parece um poço sem fundo de dor, as pessoas boas são capazes de fazer todo tipo de coisa ruim.

Mas é justamente nesse momento que podemos observar a absoluta genialidade do universo em ação: os seres humanos foram concebidos para ser criaturas que castigam a si próprias. Mesmo que sejamos capazes de impedir que a nossa vergonha seja reconhecida pela mente consciente – mesmo que consigamos minimizá-la, racionalizá-la ou fingir que ela não existe – lá no fundo, sabemos mensurá-la. Sabemos quando passamos dos limites com alguém e quando deixamos que alguém passe dos limites com a gente. Sabemos quando enganamos e quando alguém nos enganou. Sabemos, nas câmaras silenciosas do nosso mundo interior, quando vivemos como se fôssemos menos do que a pessoa que somos capazes de ser. Por isso, como um meio de nos punir, encenamos atos silenciosos de autossabotagem ou atos flagrantes de autodestruição na tentativa de abrir a ferida, pois instintivamente sabemos que essa é a única maneira de curá-la.

Continuar nos condenando por sermos imperfeitos e pelas más ações do passado não nos levará à felicidade ou à totalidade. O açoite interno que usamos contra nós mesmos só serve para nos manter presos a um ciclo perpétuo de vergonha, violação e autoabuso. É fácil minimizar o impacto que a autoaversão exerce sobre nós, pois grande parte dele ocorre na privacidade da nossa mente, longe dos olhos do mundo (ou assim pensamos). Mas é vital que percebamos os danos que causamos a nós mesmos toda vez que nos atormentamos por causa dos nossos erros e imperfeições. Alguns anos atrás eu estava pensando em como faria para que os participantes dos meus retiros vissem o rigor com que se maltratavam e as consequências que esses maus-tratos tinham sobre eles. Finalmente consegui descobrir um meio eficaz de demonstrar tanto esse rigor quanto as suas consequências.

O melhor workshop que fiz foi um retiro de três dias ao qual dei o nome de Processo da Sombra. No terceiro dia do processo, levei uma linda boneca-bebê até a frente da sala de conferências. Ela tinha um rosto inocente e bochechas rosadas, assim como a que você provavelmente tinha na infância. Eu a segurei no colo e mostrei-a a todos na sala e pedi que imaginassem que ela representava uma versão jovem e inocente deles mesmos que ainda existia no seu mundo interior. Então coloquei esse adorável bebê na minha cadeira, de modo que todos nós pudéssemos falar com ele com ternura durante um minuto. A seguir, sem nenhum aviso, peguei a boneca, olhei para ela com o semblante sério e disse, *"Por que você fez isso!? Você é uma estúpida idiota! O que há de errado com você? Não devia ter dito nada!"*

Enquanto eu a agredia verbalmente, peguei a bonequinha e bati umas duas vezes com ela no espaldar da cadeira. Enquanto isso, todo mundo na sala ria histericamente, pois todos eles sabiam exatamente do que eu estava falando. *"Meu Deus, você é feia demais! Você é um terror!",* eu disse a ela. "*Devia cuidar melhor de si mesma. Ninguém vai amá-la assim. Você é um saco de banha! Não devia ser tão egoísta. Por que não faz nada certo? O que há de errado com você? Você é uma cadela! Desta vez foi longe demais! Você é uma fracassada! Ninguém vai querer a sua amizade!*" Continuei gritando com a boneca, batendo cada vez com mais força nela, até que um braço voou pela sala e a sua linda cabecinha ficou pendurada apenas por um fio.

Então peguei o bebê, cujos membros tinham saído do lugar e cuja cabeça pendia sobre o peito, e fiz o melhor possível para que ficasse sentada direita na minha cadeira. Dei uns tapinhas na sua cabeça e lhe disse no meu tom de voz mais simpático e espiritualizado, "Agora saia por aí e aproveite o dia, querida. Faça da sua vida algo grandioso! Faça amigos. Ganhe bastante dinheiro. Você pode. Você pode ser o que quiser, meu bem. O mundo é seu. Basta pensar no que você quer criar". Mas, infelizmente, depois de sofrer os meus maus-tratos, a minha bonequinha não parecia capaz de fazer o que quer que fosse.

O x da questão é que os maus-tratos que infligimos a nós mesmos exercem um impacto sobre nós. Toda vez que nos criticamos, negligenciamos a nós mesmos e nos acusamos pelas nossas falhas e enganos, nós nos torturamos. Nós somos essa bonequinha. Podemos ter crescido, mas por dentro ainda somos uma criança inocente que queria ser boa, agradar os outros, receber amor, ser importante, fazer diferença e ter uma vida fabulosa.

Não decidimos, aos 2 ou 3 anos de idade, que iríamos crescer e ser infelizes e cheios de raiva. Não optamos por ser viciados fora de controle e autodestrutivos. Não decidimos ser criminosos que lesam outras pessoas. Não resolvemos conscientemente que nos tornaríamos vítimas que se deixariam abusar pelos outros e por nós mesmos. Essas coisas resultaram da nossa vergonha tóxica e dos graves abusos – autoinfligidos ou não – que permitimos em nossa vida por achar que merecíamos. Essas coisas aconteceram porque estávamos afastados da nossa verdadeira essência.

Todo incidente infeliz tem o potencial de ser um catalisador que corrigirá a separação entre o nosso eu inferior e o nosso eu superior. Mas, se não corrigirmos as coisas que nos fazem mal, se não nos tratarmos com o amor, o cuidado e a atenção de que tanto precisamos, a triste realidade é que provavelmente continuaremos a ser os nossos piores inimigos.

Fazendo as correções

Não seremos capazes de nos perdoar pelos crimes que cometemos se não corrigirmos as coisas que fizemos aos outros e que nos fazem mal. Temos de assumir a responsabilidade pelos nossos comportamentos e limpar os detritos que deixamos no nosso caminho. Sempre me surpreende o fato de que, apesar de sabermos que essas correções farão com que nos sintamos melhor com relação a nós mesmos e nos libertarão dos nossos erros do passado, muitos de nós não as farão por puro orgulho. O nosso falso orgulho nos dirá, "O que está feito está feito. Eles não vão entender, de qualquer maneira. Não há nada que eu possa fazer agora" ou "O que eu fiz foi tão horrível que nunca serei perdoado". O nosso falso orgulho presta atenção a todos os avisos de por que fazer essas correções não é uma boa ideia e nos convence de que não há meio de corrigirmos os nossos erros. Mas isso não é verdade. Sempre existe uma maneira de corrigirmos os erros do nosso passado, e cabe a nós descobrir como.

Pouco tempo atrás, um homem chamado Ricardo participou do retiro Processo da Sombra. Ele tinha roubado centenas de milhares de dólares do negócio da sua família. Sabia que seria excluído do testamento dos pais e afastado da família para sempre se confessasse a sua fraude. Ele estava convencido de que tinha selado o seu destino e, por causa dessa crença, vivia criando situações em sua vida e em seus negócios que o lembravam mensalmente de que ele era um sujeito ruim e um filho desalmado. Então, quando chegamos à parte do processo em que é preciso perdoar, ele estancou. Eu tive que me sentar com ele e ajudá-lo a ver como ele poderia limpar a sua consciência, de modo que pudesse seguir em frente e viver em paz. A culpa pelas suas atitudes não só afetava os seus negócios, como também estava destruindo o seu relacionamento com a esposa e impedindo que ele convivesse bem com os filhos.

Foi preciso algum tempo, e muita atenção, para que ele visse que aos poucos poderia devolver um pouco do dinheiro que ainda lhe restava dos bens da família (embora ele tivesse perdido a maior parte no jogo) e que poderia passar dez dias por ano construindo casas e levantando fundos para uma fundação sem fins lucrativos da sua região, que fazia um grande trabalho cuidando de crianças órfãs – tudo isso para tentar pagar a sua dívida. Ricardo percebeu que teria que reembolsar a família de outras maneiras. Ele assumiu o compromisso de apoiá-los e ouvi-los quando precisassem e de ajudar a irmã cadeirante um dia por semana. Assim ele conseguiu aliviar a culpa e a vergonha que prejudicava todos os seus relacionamentos e negócios. Quando Ricardo finalmente acabou de corrigir os seus crimes do passado, uma centelha de luz brilhou em seus olhos e podia-se ver e sentir a mudança que isso provocou dentro dele.

Por quê? Porque, no final das contas, nós somos o juiz e o júri da nossa própria vida. Somos aqueles com quem temos que chegar a um acordo e tomar a decisão de perdoar pelos crimes que cometemos contra outras pessoas e contra nós mesmos. A outra opção é continuar o ciclo de abusos, transmitindo-o de geração em geração, deixando que a culpa afete as nossas amizades, o nosso corpo, as nossas finanças, os nossos negócios e os nossos relacionamentos futuros. A culpa procura o castigo e não há meio de encobrir esse fato. Trata-se de um mecanismo embutido em nós; se aceitarmos essa verdade poderemos nos libertar da nossa própria negação, confrontar a nossa vergonha e a nossa culpa e fazer o que for preciso para nos sentirmos bem com nós mesmos. Nem sempre é fácil ver que, se tomarmos providências no presente para corrigir algo que fizemos no passado, isso nos ajudará a nos sentir melhor na nossa vida, mas esse resultado é garantido. Na verdade, se cada um de nós fizesse apenas isso, mudaríamos radicalmente o relacionamento que temos com nós mesmos, com os outros e com o mundo.

Não há atalhos nesse processo. Talvez você queira simplesmente fechar este livro e se esquecer até mesmo de tentar se absolver da culpa e dos sentimentos negativos que nutre, pois só a ideia de fazer isso já lhe parece difícil demais. Mas, antes que faça isso, deixe-me mostrar alguns dos benefícios e recompensas que você pode obter caso tenha coragem para seguir adiante.

Uma mente em paz

Sentimentos de merecimento

Inspiração

A capacidade de ouvir a voz do seu eu superior

Respeito por si mesmo

Autoestima

O desejo de conviver com as pessoas que o amam e respeitam

Mais entusiasmo pela vida

Mais esperança no futuro

Uma ligação mais profunda com aqueles à sua volta

Mais intimidade

Um sentimento de dignidade

Um sentimento de realização

Liberdade para seguir adiante com a sua vida.

Um sentimento inato de bem-estar

A libertação da sua mente e do seu coração

Um sentimento de missão cumprida com relação ao passado

Orgulho autêntico

Alegria

Enfim, o perdão é o único antídoto para os maus-tratos que infligimos a nós mesmos e às outras pessoas. Se não dermos um passo corajoso na direção do perdão, com certeza repetiremos os mesmos erros dolorosos do passado e eles provavelmente nos causarão dores cada vez maiores. Criaremos bloqueios ao nosso sucesso e cairemos nos mesmos buracos ao longo do caminho. Continuaremos a criar e a atrair experiências negativas que nos lembrarão da culpa, da vergonha e da autoaversão que acumulamos na nossa psique. Toda vez que criarmos as chamadas experiências ruins, podemos usá-las como uma confirmação extra de que somos ruins, não merecedores e imperfeitos, ou podemos vê-las como um indicador de que há mais trabalho interior a fazer. Em outras palavras, há mais coisas que precisamos perdoar.

O tratado de paz

Trata-se de um ato de perdão reconhecer com compaixão que cometemos erros e tivemos atitudes que causaram dores emocionais e às vezes físicas em nós mesmos e nos outros. Trata-se de um ato de perdão fazer correções e depois deixar para trás rancores, ressentimentos e acusações que ainda temos contra nós mesmos ou outras pessoas. O verdadeiro perdão requer que paremos de nos mortificar pelos nossos erros e imperfeições e cultivemos, em vez disso, um amor cheio de compaixão por nós mesmos. Ele substitui o ódio, o julgamento e a condenação pelo amor, a aceitação e o entendimento. O perdão purifica o nosso coração, nos faz virar a página e nos ajuda a criar a vida que queremos e os tipos de relacionamentos que sempre desejamos.

Embora o perdão muitas vezes se pareça com uma dádiva generosa que damos aos outros, em essência ele é um ato de amor por nós mesmos e uma dádiva que nos oferecemos. Só por meio do perdão podemos recuperar o nosso poder e seguir em frente com a nossa vida. Quando perdoamos, nós nos libertamos das amarras criadas pelos nossos ressentimentos e da prisão que representa o nosso passado. O perdão abre a porta para uma intimidade maior, para a compaixão pelos outros e por nós mesmos e para a esperança no futuro. Ele cria o espaço de que precisamos no nosso mundo emocional para vivenciar mais amor, alegria, paz e liberdade. O perdão nos livra do fardo do passado em favor do pleno acesso à magnificência de quem você é agora e em quem você pode se tornar.

Não existe nada – nada mesmo – mais capaz de lhe dar mais do que você quer e do que você precisa do que o perdão. Perdoe-se, perdoe os outros, perdoe Deus e perdoe o mundo – essa é a única medida poderosa para acabar com a sua batalha interior. O perdão leva à paz.

No livro *Gandhi: an Autobiography*, ele diz, "Odeie o pecado; ame o pecador". Essa é a distinção mais importante que precisamos aprender para transcender o ódio por nós mesmos, para deixar para trás os ressentimentos, para abrir mão dos rancores e seguir rumo ao perdão.

Precisamos entender que todos nós pecamos e que os outros cometeram pecados contra nós. Mas se odiarmos o pecador (nós mesmos ou outras pessoas), só perpetuaremos o ciclo de abusos. Se conseguirmos fazer uma distinção entre o pecado, o ato ou o comportamento, e o pecador, podemos começar o processo de cura do nosso coração e atingir reinos da consciência mais elevados em que descobriremos a paz, o contentamento e a plenitude.

O perdão aos outros

O meu mestre espiritual favorito, Emmet Fox, uma vez disse, "Os nossos ressentimentos nos prendem a outra pessoa com amarras mais fortes do que aço". Ora, você quer ficar preso, com amarras mais fortes do que aço, a alguém que o feriu, o traiu, mentiu para você ou o enganou? Isso não seria uma estupidez? Primeiro ele fere o seu coração e depois você lhe dá o que sobrou! Prendendo-se ao ressentimento, você tira de si mesmo o seu poder, a sua paz de espírito e a sua capacidade de se renovar. Não faz sentido. E só para o caso de você achar que está ferindo a pessoa que errou com você alimentando rancores e ressentimentos contra ela, deixe-me lhe dar uma dica. A maioria das pessoas não está nem aí se você está magoado ou com raiva. Isso não as afeta em nada. Na realidade, algumas das pessoas a quem você dedica os seus pensamentos, sentimentos e a sua preciosa energia agora já estão mortas. Portanto, você não só não tem acesso a todo o seu poder, como também o enterrou vivo no túmulo de alguém. Loucura, certo?

Nós só alimentamos ressentimentos quando ainda estamos tentando provar que estamos certos e outra pessoa, errada. Talvez ainda estejamos lutando para mudar o que aconteceu no passado ou tentando recuperar o controle sobre as circunstâncias do presente. Talvez ainda amemos a pessoa que nos magoou, por isso preferimos nos ligar a ela de um jeito negativo a não ter ligação nenhuma. Ou talvez essa pessoa tenha se tornado agora a nossa desculpa para o fato de não estarmos vivendo a vida que queríamos viver, de estarmos empacados na vida ou de vivermos nos torturando. Essas são apenas algumas razões por que cultivamos ressentimentos. Mas, não importa a razão, se quisermos sair dessa situação, ter uma vida melhor do que a que temos no momento, precisamos perdoar.

Eu, pessoalmente, já passei por muitos momentos difíceis na vida. Alguns foram definitivamente induzidos por mim mesma e outros provavelmente foram cármicos – em outras palavras, inevitáveis ou com o intuito de ser. Mas, independentemente de como surgiram ou de quem os causou – se eu os causei ou colaborei para isso, se acreditei ser uma vítima ou o vitimador –, já passei por muitas situações bem delicadas. Hoje elas já pertencem ao passado e não importa mais quem estava certo e quem estava errado, o que me fizeram ou o que eu mesma fiz. A única coisa que importa é saber se eu consigo perceber as consequências das minhas atitudes ou omissões e se aprendi as lições que essas experiências tentaram me ensinar. Sempre faço a mim mesma algumas perguntas e procuro refletir sobre elas quando estou tentando descobrir as dádivas que me levam ao perdão.

- Como posso utilizar essa experiência para me tornar o tipo de pessoa que a minha alma quer ser?

- Como posso utilizar essa experiência de modo que os outros possam aprender comigo e talvez superar uma experiência difícil na vida deles?

- Como posso aproveitar essa situação para curar as minhas dores emocionais?

- Como posso aproveitar essa lição para ajudar a melhorar o planeta?

Acredite, quando estou zangada ou ressentida, a última coisa que quero é me fazer essas perguntas. O ressentimento e a raiva fazem com que eu me feche e me sinta cheia de razão. Por isso, primeiro tenho que dar a mim mesma a permissão para sentir, para ficar comigo e aceitar toda a raiva e a mágoa que estou guardando. Tenho que sair da minha cabeça, onde posso justificar e racionalizar toda a minha dor, e ir para o coração da minha criança interior – a parte pequena e sensível em mim que aprendeu a se agarrar à dor como forma de se proteger. Eu preciso, de braços abertos, dar a mim mesma todo o espaço interno necessário para fazer um tipo de trabalho de cura que me leve a deixar o passado para trás, a perdoar-me e a perdoar as outras pessoas. Tenho que reconhecer o aspecto do meu ser que prefere se apegar à minha história, à minha posição, às minhas evidências e às minhas razões a assumir responsabilidade e parar de me culpar.

E só para ser mais clara: nós não perdoamos pelo bem da outra pessoa. Perdoamos pelo nosso próprio bem. Perdoamos para nos libertar. Talvez você já tenha ouvido o ditado budista, "Agarrar-se à raiva é como agarrar-se a brasas com a intenção de atirá-las em alguém; no final é você quem vai se queimar". A raiva, o ressentimento e o ódio que cultivamos contra os outros nos impedem de ver milhares de possibilidades que estão bem diante dos nossos olhos. Os nossos ressentimentos dão aos outros o nosso poder, a nossa preciosa força vital e a capacidade de expandir a nossa paz e felicidade. Eu recomendo que você os pegue de volta. Perdoe.

No momento em que nos dispomos a abrir mão da raiva e dos ressentimentos, fertilizamos o solo da nossa consciência – algo necessário se quisermos continuar a crescer e progredir. Precisamos arar o solo da nossa psique e arrancar as ervas daninhas emocionais mortas e inúteis para que possamos nos preparar para um futuro novo e emocionante.

Quando encaramos o processo de perdão do ponto de vista do nosso ego ferido, é fácil torná-lo uma façanha intelectual. Se nos sentimos culpados ou pouco à vontade com a nossa raiva ou ressentimentos, podemos tentar "pular etapas" no processo de cura "espiritualizando" o nosso sofrimento. Podemos dizer coisas como, "Era para ser assim" ou "Foi a vontade de Deus", quando isso não refletia nem de longe o modo como nos sentíamos. O perdão exige que plantemos os dois pés na realidade de uma vez por todas aceitando o passado, que não podemos mudar – e assumir a responsabilidade pelo nosso comportamento, que temos o poder de mudar. É só quando podemos aceitar o passado exatamente como ele é que podemos sentir o verdadeiro perdão, pois só desse ponto de vista podemos extrair sabedoria das experiências e encontrar as dádivas ocultas na nossa própria dor. Para encontrar as dádivas do nosso passado precisamos nos distanciar do nosso eu ferido, vitimado, e ver com os olhos do nosso eu superior. Da perspectiva superior, podemos ter certeza de que as coisas são exatamente como deveriam ser e que o universo está conspirando a nosso favor para providenciar exatamente as experiências de que precisamos para crescer e evoluir.

Observe que o perdão não nos pede que concordemos com nada, que nos desculpemos ou que toleremos maus comportamentos. Na realidade, o perdão nos dá permissão para irmos além dos maus comportamentos, aprendermos as lições e extrairmos sabedoria dessas experiências. Perdoar os outros não significa que nos tornaremos fracotes, ingênuos ou alvos fáceis dos predadores deste mundo. Não significa que não tomaremos providências para nos proteger de maneiras saudáveis ou para impor limites bem claros àqueles que continuam a tentar nos vitimar. Muito pelo contrário, o perdão nos faz abandonar o papel de vítimas e tomar posse do nosso poder, para ver as situações e circunstâncias claramente e tomar as providências necessárias para garantir que não cometeremos os mesmos erros outra vez.

A voz do perdão diz, "É hora de seguir em frente!", "Eu aceito o passado" e "Essa experiência me ajudou a me tornar uma pessoa mais sábia e cheia de compaixão". O perdão nos estimula a deixar de lado a necessidade que sentíamos de que o passado fosse diferente do que foi. Ao mesmo tempo ele nos convida a abrir mão das mágoas que temos de nós mesmos e do mundo, para que não sejamos mais prisioneiros da força gravitacional que nos puxa para o passado. Não podemos voar alto na vida, expressarmo-nos e compartilhar os nossos dons mais preciosos enquanto estivermos carregando o fardo da dor e do sofrimento causados por anos de ressentimento, raiva e condenações. Por meio do perdão, somos capazes de olhar o passado nos olhos e, com compaixão, deixá-lo para trás, livres para poder seguir em frente.

O perdão acontece quando entendemos que tudo o que nos aconteceu teve uma razão de ser. No momento em que conseguimos ver as bênçãos do que recebemos, a sabedoria que obtivemos e a experiência que adquirimos com as circunstâncias dolorosas ou traumáticas, perdoamos naturalmente. Então a dor no nosso coração é transformada em gratidão, e a confusão em nossa mente é substituída por lucidez. O perdão aos outros é uma prova de que nos amamos o suficiente para sermos capazes de dizer adeus, de seguir em frente e deixar o passado para trás. Quando reunimos coragem para cortar as amarras que nos ligam negativamente aos outros, que acabam com a nossa autoestima e roubam de nós o nosso poder, passamos a ver que somos tão grandes quanto os nossos ressentimentos e mais poderosos que as nossas dores emocionais.

Recebemos muitas dádivas quando optamos pelo ato corajoso e ousado de perdão. Acima de tudo, somos livres. Como diz *Um Curso em Milagres*, um dos textos mais espirituais jamais escritos, "O mais santo de todos os lugares da Terra é onde um antigo ódio se torna um amor presente". O perdão nos desafia a encontrar o ouro no meio da lama, a sabedoria nas nossas feridas e a possibilidade oculta na nossa dor.

O perdão a Deus

Eu devo ter aceitado de bom grado o fato de que sou uma dedo-duro, pois aqui estou eu outra vez. Embora a maioria de nós não admita, acredito que muitos de nós têm raiva do Universo, independentemente de quem acreditemos que nos tenha criado. Estamos zangados com Deus. Se você pensar a respeito, verá que isso é fácil de entender. Que bem faz um Deus que supostamente deveria apoiá-lo, atender às suas preces, protegê-lo, cuidar de você nos momentos de dor, mas que aparentemente não faz nada disso? Estamos desapontados. Decepcionados. Muitos de nós oram a Deus para que olhe por nós, para que leve embora a nossa dor e para que nos proteja dos abusos que sofremos ou testemunhamos quando criança. Achamos que, se Deus estivesse ao nosso lado, ele nos protegeria de todo mal. Mas este é um dos fatos difíceis e cruéis da vida: Deus não pode nos proteger do mal. Algumas coisas simplesmente precisam acontecer para que a nossa alma possa se desenvolver e evoluir. Precisamos passar por experiências humanas – inclusive aquelas que nos causam dor e partem o nosso coração –, para que possamos nos abrir à expressão máxima do que somos. Como uma linda pérola que se forma, camada após camada, em reação à invasão das conchas e da areia, nós também somos formados pelo sofrimento e pelas tribulações pelas quais passamos. A dor das nossas experiências humanas – quando purificadas pelo perdão – nos propicia sabedoria e nos transforma em algo de grande beleza.

Se não olhamos de uma perspectiva mais ampla para a sabedoria das nossas experiências humanas, é natural que fiquemos zangados com Deus. Quando vemos todo sofrimento, todos aqueles que foram feridos, cujas vidas foram arrasadas, cujos lares ou a segurança foram destruídos, é fácil ficar com raiva de um poder que, segundo acreditamos, deveria nos salvar dessas provações. O que eu quero dizer é que essa raiva é compreensível. Você não precisa mais escondê-la. Não precisa se condenar por causa dela. Não precisa fingir que ela não existe. Na verdade, reconhecer a raiva que você tem de Deus é um dos primeiros passos para o perdão.

Fui abençoada com a graça de estar presente numa experiência reveladora do que acontece quando as pessoas se permitem reconhecer (essa é a parte mais difícil), expressar e liberar a sua raiva de Deus. Muitos anos atrás, tive a honra de liderar um workshop intensivo de três dias com o meu querido amigo Neale Donald Walsch, o autor da série de livros *Conversando com Deus*. Neale adora falar, por isso ele falou na maior parte do tempo, enquanto eu me responsabilizei pela maior parte dos processos. Formávamos uma dupla perfeita. O salão que alugamos para o final de semana ficava numa antiga igreja no centro de La Jolla, na Califórnia. Tínhamos levado o nosso próprio sistema de som, para garantir que teríamos música e a acústica necessária a fim de propiciar uma experiência marcante aos participantes; assim, quando a música começasse a tocar, eles poderiam se sentir livres para participar sem inibições.

Na segunda noite do workshop, decidi conduzir o grupo num processo de liberação da raiva, especialmente focado na raiva que as pessoas guardam de Deus. Havia pouco mais de cem pessoas presentes no salão e demos a cada uma delas espaço suficiente e uma venda para que pudessem fazer os exercícios de modo seguro e sem se sentir constrangidas pelos olhares dos outros. Uma parte importante desse processo é o estilo e a progressão da música. São quatro estágios distintos de intensidade; tocamos a música num volume muito alto e isso ajuda as pessoas a mobilizar a energia de toda a sua raiva não processada.

Neale já tinha apresentado de maneira brilhante todas as coordenadas do exercício, inclusive dado a todos permissão para expressarem a sua raiva de Deus, pelo menos aquela noite. Então eu os conduzi por um processo interior para que se abrissem a todas as vezes em que pensaram que Deus deveria tê-los ajudado mas não ajudou e a todas as vezes que as suas orações aparentemente não foram atendidas. Pedi-lhes que entrassem em contato com todas as decepções profundas que nutriam com as reviravoltas da vida e trouxessem à tona a vergonha que sentiam por terem sentido raiva de Deus.

No momento em que estávamos prontos para iniciar o processo, eles estavam realmente com muita raiva. Então pusemos a música para tocar. Eu estava falando pelo microfone. As pessoas já estavam respirando fundo e suspirando. Mas quando chegou a hora de expressarem a raiva em palavras e gritos, para que pudessem externar em voz alta toda ira que sentiam –, a música de repente parou. Esse era de fato o meu maior pesadelo, pois a música é uma parte imprescindível do processo e eu sabia que as pessoas podiam abortá-lo se a música se interrompesse.

Em vez disso, nos vinte minutos seguintes, esse grupo de mais de cem pessoas gritou tão alto – chorou, berrou, xingou e vomitou a sua raiva reprimida contra Deus –, que ninguém sequer notou que a música tinha parado. Os gritos de dor e de raiva eram tão ensurdecedores que não conseguiríamos ouvir a música de qualquer maneira. Em todos os anos em que conduzi workshops, nunca testemunhei uma liberação tão intensa de raiva reprimida – raiva que os participantes nem sabiam que guardavam.

Reconhecer a raiva é um passo importante. Temos que reconhecer todas as vezes que nos dirigimos a Deus por necessidade ou desespero e sentimos que ele não nos ouviu. Temos que perceber o desamparo que sentimos quando estávamos em meio a uma situação terrível que, segundo a nossa crença, Deus deveria resolver.

Alguns anos atrás, descobri que uma pessoa vinha mentindo sistematicamente para mim num negócio comercial, o que acabou me custando milhares de dólares e centenas de horas de trabalho. Na época, eu achava que estava me esforçando arduamente para ajudar a fazer deste mundo um lugar melhor e fiquei com muita raiva que Deus, ou o meu eu superior, tivesse deixado que aquilo acontecesse comigo. Precisei de vários meses revivendo as várias situações entre mim e essa pessoa para descobrir que aquela Presença sempre amorosa tinha tentado muitas vezes abrir meus olhos. Muitas pessoas tinham me avisado para não confiar nessa pessoa, mas eu queria que ela gostasse de mim, por isso ignorei os avisos. Optei por fazer o que a minha mente ditava em vez de mergulhar dentro de mim e acreditar nas mensagens que recebia. Paguei caro por isso de maneiras que nem consigo descrever. Levei anos para admitir que na época eu tinha deixado de confiar na orientação divina porque estava zangada com Deus por todas as vezes que me sentira decepcionada, traída ou abandonada na minha vida. Sem me dar conta disso, eu tinha perdido a fé sem nem sequer perceber.

Para perdoar Deus, temos que admitir a falta de fé e verificar até que ponto a nossa raiva e desapontamento nos fizeram perder contato com a nossa própria fonte. Só depois de termos extravasado a nossa ira podemos começar a enxergar as maneiras pelas quais Deus, na verdade, age na nossa vida. Quando quebramos a rígida carapaça da nossa raiva, podemos começar a ver as coisas que Deus estava tentando nos mostrar o tempo todo. Podemos olhar através dos olhos divinos e não dos olhos do nosso pequeno eu individual ferido.

O perdão nos dá a compreensão de que não é tarefa de Deus nos salvar de todo mal ou de toda dor que enfrentamos, pois essas coisas fazem parte da experiência humana. Tão logo encontramos coragem para aceitar as coisas como elas são, e não como gostaríamos que fossem, começamos a enxergar o que podemos e devemos mudar.

Patrick havia sido vítima de uma mulher que tinha um vício secreto. Embora ele estivesse devastado e com muita raiva pelo fato de ela ter conseguido fazer tudo às suas costas, no final o seu ressentimento e a sua ira reais foram projetados na família dela, que sabia sobre o vício e não contara nada a ele. Quando eu estava conversando com Patrick sobre o processo de perdão para ajudá-lo a deixar para trás os ressentimentos que ele guardava contra a família da moça, o que inesperadamente veio à tona foi o ressentimento profundo que ele tinha de Deus.

Num momento de lucidez, Patrick viu que a razão por que não conseguia perdoar a família, embora tivesse tentado durante anos, era o fato de que não achava que eles eram os verdadeiros culpados. Patrick compreendeu o seu engano e sua submissão anormal. Surpreso, descobriu que estava na realidade zangado com o Deus que ele acreditava deveria tê-lo protegido das terríveis injustiças que sofreu. Nesse processo, Patrick percebeu que havia uma parte muito inocente dele que acreditava que, se ele amava Deus, Ele deveria amá-lo também protegendo-o nos momentos bons e ruins. Eu o ajudei a extravasar essa raiva sem julgamento ou condenação. Ele conseguiu senti-la e admiti-la; foi então capaz de ver todas as maneiras pelas quais Deus tinha tentado avisá-lo: os impulsos, os instintos, os momentos de consciência, a sensação desagradável na boca do estômago – todas as maneiras pelas quais Deus tentou chamar a atenção dele. Em retrospectiva ele pôde ver todos os sinais e avisos que havia ignorado. Quando conseguiu entender que ele tinha crescido e evoluído depois da experiência devastadora pela qual passara, Patrick conseguiu perdoar Deus, a família e a si mesmo.

No momento em que deixamos para trás o ressentimento contra Deus, conseguimos voltar a reconhecer os sinais que estão à nossa volta – os nossos instintos, pressentimentos, impulsos e obstáculos exteriores. Conseguimos reconhecer a voz de Deus como a cutucada de um grande amigo, que gentilmente nos aponta a direção certa, mas nos ama o suficiente para deixar que façamos as nossas próprias escolhas.

Quando você perdoa a força que chama de Deus, de repente começa a ver uma realidade que está além da estreita perspectiva humana e entende que tudo o que lhe acontece está, no final das contas, ajudando-o a se transformar numa versão mais grandiosa de si mesmo. Sintonizado com a força que você reconhece como Deus, você se sente como um poderoso cocriador da sua vida e se abre para permitir que a vida o use como instrumento para propiciar o bem de todos. Você volta ao seu estado de inocência natural, concedido por Deus.

O autoperdão

O autoperdão significa a autoabsolvição de qualquer culpa, ressentimento ou recriminação que cultivamos contra nós mesmos. Na infância, a maioria de nós passou por momentos difíceis mesmo que não tenhamos feito nada errado, e tomamos a decisão inconsciente de que a culpa era nossa. Éramos "vítimas" inocentes (por assim dizer) que continuaram a se culpar até que se tornaram os vitimadores. Vestimos o capuz de algozes, passamos a não ver mais com clareza a fronteira entre o que era nosso e o que não era e não conseguimos mais fazer essa distinção. Éramos aqueles que se responsabilizavam por coisas que nem mesmo tínhamos feito e depois usávamos essas coisas para nos martirizar, repetidas vezes. Quantas vezes eu ouvi pessoas que me procuravam cinco, dez, vinte ou quarenta anos depois, condenando-se por coisas que não tinham feito ou que estavam além do seu controle: o comportamento de outras pessoas. Nós nos culpamos por termos sido molestados, estuprados, abandonados, enganados, traídos, passados para trás ou trapaceados. Já é ruim o suficiente ter culpa por coisas para as quais colaboramos, mas, além disso, jogamos sal na ferida responsabilizando-nos pelos crimes dos outros. Sue é o perfeito exemplo de uma mulher que assumiu a responsabilidade pelos crimes cometidos contra ela.

Durante seis anos, Sue sofreu agressões emocionais do marido dia após dia. Ela finalmente o deixou, mas um ano depois ainda sofria imensamente e esse sofrimento diário a levou a fazer orações para que pudesse perdoar e enxergar a verdade, de modo a esquecer o passado e seguir em frente. Desses seis anos, três ela tinha passado sofrendo ameaças que colocavam tanto a sua vida quanto a sua sobrevivência em risco, mas como não tinha cicatrizes físicas não percebia como era maltratada. Em vez disso, ela assumia toda a responsabilidade por acabar com o casamento e continuava se culpando por dividir a família e deixar o marido. Então um dia, quando ia pegar algo no carro, ela abriu a porta e machucou o braço no quebra-vento, rompendo um vaso sanguíneo. Em minutos ela ganhou uma mancha roxa de dez centímetros que lhe dava a aparência de alguém que tinha apanhado. No dia seguinte, a feia mancha tinha se espalhado por todo o seu bíceps. Foi só quando ela viu a exteriorização da mancha roxa que lhe ocorreu que o marido costumava fazer exatamente isso: ele a agredia diariamente, vezes e vezes sem conta, com os seus comentários que a diminuíam e ridicularizavam, distorcendo os acontecimentos e fatos e a envergonhando por ter bom coração e por tudo o que ela fazia. Ele a agredia com as suas ameaças, dominação e desejo de controle. Mas como o abuso era emocional e psicológico, ela não conseguia vê-lo; todas as marcas eram internas. Ela estava toda marcada, mas interiormente. Só foi preciso um instante para que ela acordasse do transe e visse que tinha sido uma mulher maltratada e que agora estava se maltratando.

Sue foi uma das muitas vítimas de uma forma raramente reconhecida de abuso chamada *guerra psicológica*. Embora a vida de agressões a tenha levado ao divórcio, por causa da sua natureza doce e seu coração bondoso ela muitas vezes voltava a negar que ele era um péssimo marido e se torturava impiedosamente, convencida de que ela era má e estava errada, e, portanto, desempenhando o papel de vitimadora. Agora, porém, aquela grande mancha roxa que carregava havia duas semanas tornou-se a prova inegável e chocantemente visível de que ela na verdade era a vítima. Sue precisava começar o processo de autoperdão e dizer a si mesma que lamentava ter se envolvido num relacionamento tão terrivelmente abusivo, ter insistido em mantê-lo apesar de todos os avisos que recebera para interrompê-lo antes e depois ter aproveitado os abusos que sofrera para se condenar. O autoperdão é um processo libertador que começa no momento em que dizemos a verdade e nos tornamos suficientemente compassivos e humildes para dizer que sentimos muito por todas as maneiras com as quais, conscientemente ou não, nós nos ferimos e ferimos outras pessoas.

Assim como temos que separar o pecado do pecador para perdoar aqueles que cometeram atos de negligência, violência ou má fé contra nós, precisamos agora separar a nossa pessoa dos atos que cometemos contra nós mesmos e contra os outros. Agora, quero deixá-lo a par dos fatos, para o caso de você resvalar para a negação. Todos nós já fizemos coisas que feriram outras pessoas. Todos nós já frustramos as expectativas alheias, proferimos palavras que abriram suas feridas, ultrapassamos os limites de alguém, roubamos, mentimos, enganamos, fofocamos, deixamos que algo ruim acontecesse, ocultamos a verdade, nos embebedamos e envergonhamos aqueles que estão próximos a nós. Todos fizemos promessas que não cumprimos, flertamos com pessoas embora fôssemos comprometidos ou desejamos mal a alguém em nossos pensamentos.

Gritamos com os nossos filhos, rejeitamos alguém que estava profundamente apaixonado por nós ou sonegamos impostos. Todos somos pecadores em algum sentido e, embora os nossos crimes possam não parecer tão terríveis quanto os dos nossos vizinhos ou das pessoas que aparecem nos noticiários das onze horas, ainda precisamos reconhecer o rancor que temos de nós mesmos por causa deles. Temos de aprender a separar as nossas ações de quem somos como pessoas. Se não fizermos isso, teremos que sofrer as consequências de conviver com uma versão derrotada de nós mesmos.

Perdoar significa baixar a chibata com que nos açoitamos. Significa deixar para trás todas as mensagens interiores torturantes e autoinduzidas que repetimos vezes sem conta em nossa mente e optar pela paz em vez da dor, pela gratidão em vez da culpa, pela solidão em vez do barulho e pelo amor em vez da guerra. Significa perdoar-nos por todas as pessoas que ferimos – direta ou indiretamente – e por todos os atos de violência que cometemos contra o nosso próprio corpo, mente e psique. Significa perdoar-nos pelos erros que cometemos, por ter expectativas e padrões altos demais e por não sermos perfeitos – em outras palavras, por sermos humanos. O perdão nos convida a fazer correções internamente e depois nos perdoar pelas coisas detestáveis e às vezes horripilantes que fizemos contra outras pessoas.

Você pode começar dizendo à criança doce e inocente que vive dentro do seu ser que você lamenta muito por todas as vezes que fez escolhas que não a favoreciam, que não fez um bom julgamento e acabou prejudicando-a. Você pode dizer a si mesmo que sente por todas as vezes que pegou coisas que não eram suas por direito e pelas vezes em que intimidou, atormentou ou atacou os outros. Peça a si mesmo perdão por todas as vezes em que teve comportamentos que feriram aqueles que amava, pelas vezes em que não teve fé e deixou que o medo guiasse as suas ações. Também é importante que você se perdoe por todas as vezes em que vendeu a sua alma e violou os seus próprios limites para receber o amor, o respeito e a aprovação dos outros. Você dá início ao processo de perdão quando reconhece todas as vezes em que fez escolhas reativas na tentativa de não ser inconveniente ou para não sentir a dor da ação correta.

O perdão serve para curar o seu eu emocional e acabar com a vergonha que você carrega. Trata-se de um diálogo pessoal entre você e as partes mais delicadas e íntimas do seu ser – uma conversa particular escrita por você para você. É aí que a cura acontece. Quando nos perdoamos, pegamos de volta toda energia que tínhamos dado aos outros e a redirecionamos para o nosso próprio coração cheio de ternura. Eu lhe garanto que o autoperdão é o único caminho para nos dar o amor e a compaixão que merecemos. Quando abrimos mão dos ressentimentos e remorsos do passado, tomamos consciência da joia radiante que somos – uma gema multifacetada cujas imperfeições contribuem para a sua beleza única.

Internalize esta verdade: você é uma joia. Se se tratar como uma joia inestimável diariamente, será que você vai continuar com a mesma tendência para fazer escolhas tão desfavoráveis? Faça esta pequena experiência: trate-se como se você fosse um pote de ouro de milhões de reais e depois observe o que acontece no mundo exterior. O autoperdão é um dos antídotos mais poderosos da vida para tratar a grande dor que existe no coração do mundo.

12

O RETORNO PARA O AMOR

Na ausência do ressentimento, o amor floresce. O amor existe naturalmente. Não precisamos gerar amor; temos apenas que eliminar os bloqueios que estão no caminho que nos leva a reconhecer o nosso eu amoroso e ilimitado. A maioria de nós está tentando com afinco ser pessoas grandiosas – o que é, no final das contas, uma ironia, pois a grandiosidade é a marca de quem somos por trás das falsas personas. Nascemos grandiosos e precisamos voltar a nos abrir para esse fato. Se perdoarmos o nosso eu ferido, fizermos as pazes com o passado e tirarmos do caminho todos os detritos que acumulamos, ficaremos frente a frente com a magnitude de tudo o que somos. Sentiremos um amor profundo e incondicional por nós mesmos – e não apenas pelas partes "boas" do nosso ser. Quando entramos no estado tranquilo do perdão, sentimos um amor genuíno por todo o nosso ser – pelas partes de nós que são fracas e cheias de falhas e também por aquelas que são fortes e confiantes.

Como acender a luz num quarto escuro, o perdão nos traz a luz da aceitação e da compaixão por todos os nossos aspectos sombrios que renegamos. Não consigo me lembrar de ninguém com quem tenha trabalhado que, depois de entrar em contato com a dor que escondia sob a sua falsa persona, tenha exclamado, "Uau! Eu adoro o meu ego ferido!" A maioria das vezes ficamos constrangidos e horrorizados com ele. Existe em todos nós a tendência para odiar o nosso falso eu, julgá-lo, envergonharmo-nos dele e taxá-lo de errado. Mas a nossa tarefa é ver essa parte de nós de um novo ponto de vista privilegiado e nos perdoar pelo nosso ego ferido, que foi levado, pela dor e pelo desespero, a construir uma falsa persona e abandonar todas as fronteiras saudáveis.

O perdão nos permite ver o nosso ego ferido como a criança assustada que ele é, tentando com todas as suas forças obter aprovação. Eu detesto ter que usar tamanho clichê, mas é, na realidade, a *criança ferida dentro de nós* que precisa do nosso amor. Ela precisa do nosso reconhecimento e compreensão sinceros. Precisa ter a garantia de que, se parar de se esconder atrás da nossa falsa persona, ela será amada e aceita com todas as suas falhas e imperfeições. Só depois que tivermos nos perdoado poderemos dar essa garantia.

Para seguir em frente e voltar para o eu que deveríamos ser, precisamos assumir o compromisso de voltar a nossa vida para um poder maior do que o nosso eu menor. Precisamos voltar a dar as rédeas ao universo para que ele possa nos utilizar para o propósito que nos levou a nascer neste planeta. É muito fácil pensar que somos apenas uma dentre seis bilhões de pessoas e que não temos a menor importância. Mas tudo o que fazemos tem importância. Tudo o que dizemos tem importância. Tudo o que pensamos tem importância. Cada um de nós faz parte de um coração coletivo que é um organismo vivo. Fomos enviados a este planeta com um dom, uma receita especial que, se permitirmos que se desenvolva, servirá ao todo maior.

O processo de retorno ao eu ilimitado e unificado é sagrado. Ele requer a nossa reunião com tudo o que é nosso – tudo o que vemos, tudo o que não podemos ver, tudo o que existe e tudo o que existirá. Ele exige que desistamos das nossas segundas intenções, das nossas crenças moralistas e da nossa vontade, e que nos rendamos a um eu maior, um eu que existe além do individual e abrange o coração coletivo – o bem de toda a humanidade. Isso requer que encaremos a nossa vergonha, a nossa tristeza, os nossos arrependimentos e a nossa dor, e assumamos a responsabilidade pela experiência humana que escolhemos, consciente ou inconscientemente, viver nesta vida. Requer que desistamos das nossas justificativas e da nossa autopiedade, da nossa negação e das nossas projeções, e sejamos a pessoa que desejamos profundamente ser, em vez de aceitar ser um fragmento do nosso eu maior. Requer que assumamos uma postura de completa honestidade, sem julgamentos, e vejamos a nossa vida de um ponto de vista espiritual – através dos olhos de Deus e não dos nossos próprios olhos. Requer que curemos as feridas do nosso ego doente e deixemos cair as máscaras que usamos para nos proteger da dor que impera no nosso coração. Para que fiquemos no caminho do amor e da segurança, precisamos despertar para tudo o que somos e para tudo o que carregamos dentro de nós. Precisamos tirar as vendas que nos impedem de ver a vastidão tanto da nossa humanidade quanto da nossa divindade.

A descoberta de Deus no nosso coração

Nesta experiência humana, a maioria de nós aprendeu a rezar formalmente a Deus, mas não a conhecê-lo. Aprendemos a Lhe fazer uma visita aos sábados ou domingos, assim como fazíamos com a nossa avó. Alguns de nós se vestem com esmero para agradar a Deus, enquanto outros O visitam na privacidade do próprio lar. Mas se quisermos vivenciar unidade e transcendência espiritual, precisamos ficar conscientes da profunda programação humana e do transe em que vivemos; do contrário, continuaremos a buscar refrigério espiritual nos lugares errados. Lutaremos para encontrar paz, plenitude, amor e conexão dentro das estruturas da nossa mente e ego limitados, e ficaremos profundamente desapontados ao descobrir que nada disso existe dentro da nossa mente. Deus não vive na nossa mente, muito embora a tenha criado. Deus não vive na nossa consciência individual de "você" ou "eu", embora Ele exista ali também. Deus vive no coletivo – na vastidão deste mundo magnífico. Trata-se de uma presença que não se limita a um determinado nome ou forma. Ele é, na verdade, a mais pura essência que reside dentro de cada um de nós. Você pode ler todas as escrituras e entoar todas as preces, mas se o seu coração não estiver conectado ao todo coletivo esses atos não terão nenhum sentido, nenhum significado. As pessoas devotadas a Deus podem fazer coisas muito pouco espirituais quando vivenciam a experiência de Deus na mente e não no coração.

Fazemos de fato coisas ruins quando achamos que estamos separados e sozinhos e acreditamos que o que fazemos não tem importância. Fazemos coisas ruins quando nos afastamos da nossa essência divina e da grandeza da nossa missão maior aqui na Terra. Fazemos coisas ruins quando vivemos apenas como um fragmento do nosso eu maior e quando temos um profundo desejo de voltar para casa, o nosso cerne espiritual, mas não deixamos que ele nos nutra. Fazemos coisas ruins porque estamos desconectados, porque não conhecemos nada melhor, porque estamos separados, tentando desesperadamente satisfazer algumas necessidades do passado de maneiras que nunca conseguiremos satisfazer dessa maneira. A necessidade insatisfeita que podemos satisfazer agora é a de ser inteiro, de ser tanto o nosso eu divino, magnificente, quanto o nosso eu humano, imperfeito.

A necessidade que clama pela sua atenção e determina cada movimento que você faz, admita você ou não, é a necessidade de explorar a sua humanidade e a sua divindade e descansar no eu vasto e ilimitado que você é. A necessidade que o obriga a cometer atos inescrupulosos de fraude e violência é somente algo que desvia a sua atenção do verdadeiro problema; é algo arranjado, e só você pode evitar cair nessa armadilha. Existe um buraco aí e você pode encontrá-lo, admiti-lo, fechá-lo com a energia divina que quer chegar até você e através de você. Você, o grande "Você", nunca terá paz de verdade enquanto não possibilitar a união entre o seu lado escuro e o seu lado iluminado. E que melhor hora para fazer isso do que agora? Você pode continuar apontando o dedo para aqueles que estão fazendo coisas muito piores do que você nesta vida, mas isso o levará a uma estrada sinuosa rumo a lugar nenhum. Pois quando você percebe que é tanto vítima quanto vitimador, tanto presa quanto predador, tanto luz quanto escuridão, tanto o bem quanto o mal, você passa a reconhecer a si mesmo e os outros como as expressões mágicas de Deus que todos nós somos. Aí você pode parar e observar. Então, em vez de dar ouvidos à voz da arrogância que diz, "Eu nunca faria isso ou jamais seria assim", você tem a chance de ouvir a vozinha silenciosa dentro de você, que sussurra, "Eu vivo pela graça de Deus".

Não existem atalhos. Vivemos numa era de satisfação instantânea, e eu sei que essa não é uma afirmação que agrade a todos. Sei que eu deveria mostrar aqui três passos fáceis para viver uma vida feliz, mas não posso, pois isso seria uma mentira. É preciso muito esforço para se viver uma vida feliz. É preciso muito esforço para você conhecer o mundo interior e a programação que o leva a fazer coisas ruins ou o coloca no caminho de pessoas que estão fazendo coisas ruins. É preciso um cuidado constante para garantir que você viva uma vida cheia de propósito e se sinta plenamente realizado no momento da morte. É preciso coragem para ver e entender as implicações e o impacto dos seus pensamentos, palavras e atitudes.

É preciso disposição para prever uma catástrofe iminente, ser vigilante consigo mesmo para dizer a verdade, ficar atento aos sinais que lhe dizem quando você corre o risco de sair do equilíbrio – quando o seu lado escuro está prestes a se manifestar.

Seguindo adiante

Para seguir adiante e curar a vergonha que o obriga a continuar repetindo padrões destrutivos, você precisa reconhecer que não pode mudar o passado. Apegar-se a decepções, a lembranças tristes e à culpa que o impede de viver é só uma outra maneira de matar o seu espírito. É outro jeito de manter vivo o ciclo de vergonha e abuso. E eu estou aqui para pedir-lhe que pare. Você não merece isso e é a única pessoa que pode interromper esse processo. Mesmo que tenha feito coisas ruins no passado, se estiver disposto a assumir a responsabilidade pelas suas ações, aprender com os seus erros e descobrir uma maneira de fazer correções, você precisa deixar de lado a culpa que o leva a fazer coisas ruins.

Agora é hora de acordar e se separar do seu corpo da vergonha; parar de tentar evitá-lo – comendo demais, bebendo demais, sendo obcecado por ele ou tecendo fantasias – e, em vez disso, fazer uma escolha consciente de agir do modo oposto – mergulhar dentro dele, senti-lo, aprender com ele, assumir a responsabilidade por ele – e seguir em frente. Agora é hora de assumir o que é da sua responsabilidade e o que pode controlar no presente e reconhecer e aceitar com compaixão o que aconteceu a você no passado e que você não pode controlar.

Se deixar que as minhas palavras atravessem os seus muros de proteção e de negação, você conseguirá ir além das mentiras do seu corpo da vergonha, do seu falso eu, e assumir a responsabilidade pelo que pode controlar hoje. É isso o que você tem que fazer para romper o ciclo de abusos. E só para o caso de ter esquecido: toda autossabotagem é uma forma de abuso. É uma forma de maltratar o espírito humano, de violar o seu direito inato de se libertar das amarras que o prendem ao passado e ter orgulho de quem é, de quem você é por inteiro: o seu corpo, a sua mente, a sua sexualidade – o seu eu completo.

Esta é a hora de reconhecer o que você não pode controlar (isto é, o comportamento das outras pessoas) e reivindicar o poder que lhe pertence. Esta é a hora de parar de remoer o que você não pode mudar (o que fez no passado) e concentrar a atenção no que pode fazer para curar a sua cisão interior, para fazer as pazes com o passado e seguir em frente.

Esta é a hora de concentrar-se no seu próprio comportamento. A maioria de vocês, almas valentes que leem este livro, estão provavelmente fazendo esta leitura para que possam cuidar de outra pessoa – um filho, o parceiro, um amigo; ou talvez tenham sido brutalizados por outra pessoa. Faz sentido uma boa pessoa concentrar-se nos outros, mas você precisa cuidar de si mesmo. Você, eu – todos nós – precisamos parar de negar quem somos e o modo como participamos do enfraquecimento do espírito humano e começarmos a prestar atenção em nós mesmos, observando como colaboramos com os crimes cometidos contra nós.

Se você está lendo este livro porque sabe que é parte do problema, tome agora a decisão de retomar a posse do poder que deu às suas falsas crenças. Tome posse do seu poder só pelo dia de hoje e reconheça que hoje você tem poder sobre as escolhas que faz e as atitudes que toma. Você tem poder para tomar, a cada dia, quando se levanta da cama, decisões que transformem a sua vida. Você tem controle sobre o que diz a si mesmo quando se olha no espelho e quando resvala para os recessos sombrios do seu corpo da vergonha. Você tem a opção – quando aquela vozinha cheia de dor aparece e lhe diz que você é ruim, imprestável e errado – de parar, respirar fundo e dizer ao seu falso eu, "Eu ouço as suas mensagens, sei que você está vivo, ativo e sofrendo, mas você é o meu eu ferido, parte do meu falso eu – um aspecto da minha humanidade que está aqui para me apoiar na evolução da minha alma. Você é a parte de mim que existe para me despertar e ajudar a me reunir à vastidão da minha humanidade e da minha divindade. E estou irradiando amor para você agora mesmo, pois você obviamente é carente de amor e aceitação, caso contrário não estaria agindo assim". Sim, você tem capacidade para fazer isso. Você pode compreender cognitivamente que é uma máquina bem programada com o poder de fazer profundas mudanças por meio de atitudes que o beneficiem e demonstrem o respeito que tem por si. Você ativa esse poder recuperando o controle da sua vida e assumindo a responsabilidade por ela e pelo seu futuro. E se precisar de ajuda porque está agindo de maneira inadequada ou porque não consegue parar de se ferir ou de ferir outras pessoas, você tem poder para pedir essa ajuda. Saia da negação, seja humilde, deixe que as pessoas à sua volta saibam que você precisa de apoio e busque a ajuda de que precisa agora mesmo. Esta pode ser a sua última chance.

Acredite, depois de liderar retiros sobre este tema durante dez anos, no mundo todo, e ajudar dezenas de milhares de pessoas, já ouvi todo tipo de desculpa, racionalização, justificativa e argumento para se manter um mau comportamento. Mas não há mais desculpas. Pare com isso. Dê um basta. O mundo precisa que você volte à sua expressão autêntica; ele precisa de você agora.

Veja, uma das mentiras do falso eu é que você não pode fazer nada para curar a doença do seu corpo da vergonha – que você não tem controle sobre as suas emoções e sobre a sua mente infestada de culpas. Mas, verdade seja dita, você tem poder de tomar decisões a fim de curar as suas dores e fazer as pazes com o seu passado. Você pode parecer impotente diante de um vício, de uma obsessão ou de algum outro tipo de comportamento autodestrutivo, mas não é impotente para pedir ajuda.

Todas as escolhas que o favorecem mudam a sua dinâmica interior. Todas essas escolhas são um sinal do poder que reside dentro de você. Todas essas escolhas mostram ao ego ferido que existe esperança e que você de fato tem poder. É por isso que você precisa fazer essas escolhas. Você precisa tirar as rédeas das mãos do seu corpo de culpa e da falsa persona que criou para encobri-lo. Precisa confrontar as mentiras que determinam o seu comportamento e voltar a assumir a sua posição por direito – atrás do volante! Você não precisa continuar sendo um mero passageiro que deixa que uma criança de 3 anos de idade ou um eu ferido de 12 anos de idade dirija a sua vida. Se você não se responsabilizar pelo seu futuro e pelas escolhas que fizer, quem se responsabilizará? Para quem você deu o controle da sua vida? Para um fantasma do passado que se expressa por meio de uma voz na sua mente?

Vivo perplexa com as razões que encontramos para não lidar com o que está dando forma à nossa vida. Precisa ser tão difícil? Precisa ser tão difícil abrir mão das crenças que nos assombram todos os dias? Será que estamos tão combalidos que não temos força ou tempo para lidar com os demônios internos que estão agora nos fazendo seguir por caminhos errados em alguns aspectos da nossa vida? O que assumiu o comando da nossa vida? Quando isso aconteceu?

Na adolescência, vi muitas vezes o slogan de uma companhia de ônibus: "Deixe a direção por nossa conta". Tratava-se de uma grande campanha publicitária, mas quem quer andar de ônibus nos dias de hoje? Isso é algo totalmente fora de moda e, a menos que você queira uma passagem só de ida para uma cidadezinha no meio do nada (peço desculpas a todos que andam de ônibus), é melhor assumir o comando do único veículo que você tem e do único que importa: você mesmo. Talvez você queira sair do banco do passageiro agora e pegar a direção. A menos que você esteja disposto a se deixar levar por outra pessoa (isto é, todas as pessoas que contribuem com o seu corpo da vergonha e que têm o seu mapa interno inconsciente), talvez você prefira fazer o seu próprio itinerário.

Se você não tem certeza de estar preparado para fazer essa mudança, pense um pouco no seguinte: uma situação que aconteceu há alguns dias, semanas, meses ou anos – uma situação ruim, algo que tenha lhe causado dor – agora tem o poder de controlar você e arruinar o resto da sua vida. Você realmente quer deixar que situações ruins do seu passado determinem o resto da sua vida na Terra? Você quer que o seu corpo da vergonha mapeie o seu futuro? Acha que a dor o levará a ter uma vida feliz – uma vida que valha a pena ser vivida?

Eu sei; posso ouvir o que você está pensando: "Mas eu tentei. Não consigo. Estou de mãos atadas. Não sou eu o problema, é o meu marido, a minha mulher, a minha mãe, o meu chefe, o meu colega de trabalho, o meu contador, o meu irmão, o meu filho... eles que me fizeram isso". Sim, isso provavelmente é verdade em muitos níveis. Mas agora é você que está fazendo isso a si próprio. É você que está deixando essa velha vergonha tóxica lhe roubar a felicidade, a paz e a liberdade emocional. Você é o único que vive se envergonhando dos seus comportamentos ou do mau comportamento dos outros e é o único que pode dar um basta nisso.

A única resposta é o amor. Ame tudo o que você odiava. Ame tudo o que você fez de errado. Ame tudo o que é sombrio tanto quanto tudo o que é luz. Ame a experiência humana em toda a sua complexidade, e saiba que você e eu estamos aqui por uma única razão: propiciar a evolução da nossa alma, curar e transformar o nosso eu humano e restabelecer a conexão com a expressão ilimitada que se abre para nós quando nos fundimos com o coração coletivo.

Pura perfeição

Todos nós somos imperfeitos; todos nós cometemos erros, falamos coisas que preferiríamos não ter falado, ficamos presos a vícios ou nos colocamos na frente de um trem sabotador a toda velocidade e desejaríamos ter feito outra escolha. A maior parte de nós consegue ver as coisas idiotas que executou e as escolhas ruins que fez, e a maioria se arrepende dos enganos. Mas para garantir que não repetiremos os erros do passado, precisamos encontrar as dádivas ocultas no nosso mau comportamento e nas nossas más escolhas e entender uma verdade fundamental: tudo o que fizemos, tudo que vivenciamos – toda dor, todo tormento e toda dificuldade – tudo isso está tentando nos ensinar algo e nos ajudar a voltar para a nossa expressão mais elevada e a nossa natureza autêntica. Todas as nossas quedas e atitudes autodestrutivas estão embebidas em bênçãos – são um gentil (ou forte) cutucão do nosso eu maior.

A compreensão dessa verdade lhe dará sabedoria para seguir em frente.

Nós todos nascemos à imagem e semelhança do nosso criador divino, puros e inocentes, e então começamos a viver a experiência humana (ou seja, a cisão). As nossas experiências humanas nos cegam, impedindo-nos de ver a perfeição na imperfeição e de escavarmos o ouro que aguarda ansiosamente ser descoberto. E se hoje você descobrisse que não é só o seu eu bondoso que precisa ser amado, mas o seu eu ferido também? E se você passasse a ter certeza de que o seu sofrimento e a sua dor podem levá-lo a viver uma vida de bondade, virtude e respeito próprio? Estou aqui para lhe dizer que é justamente o que você despreza e o que não quer ser que podem ajudá-lo a se tornar a pessoa que você sempre quis ser.

Foram as minhas fraquezas e o sofrimento que me causou o vício que me levaram a ser mais humilde e a me abrir para realidades maiores. A arrogância foi o que me fez acreditar que eu sabia mais do que a maioria das pessoas, e foi a ignorância que me fez cair de joelhos todas as noites, durante anos, e implorar a Deus que me desse sabedoria espiritual e me mostrasse novas maneiras de integrar a minha dor emocional. O meu medo de ser chamada de preguiçosa me dá motivação. É a vaidade que faz com que eu me vista pela manhã e vá trabalhar mesmo quando estou cansada. É o meu medo de ser uma mãe negligente que me faz assistir a todos os jogos de futebol (mesmo quando estou ocupada) e levar o meu filho todos os dias à escola (mesmo quando estou cansada e poderia deixá-lo ir de ônibus). É a minha ambição e o meu amor pelas coisas finas que me fazem ir trabalhar quando outros estão se divertindo e é a minha negação do mal e dos julgamentos baseados na raiva que me faz ficar diante de incontáveis grupos e transmitir a minha mensagem – para curar a cisão entre as duas forças que existem dentro de cada um de nós. E a minha natureza depressiva, que deu origem à Poliana dentro de mim, tenta incansavelmente transformar o intransformável e nunca desistir de ter esperança mesmo diante do inevitável.

Os meus sentimentos de inadequação me fazem acordar pela manhã e perguntar o que posso fazer para tornar o meu mundo melhor. A minha necessidade de fazer diferença, de estar esgotada quando morrer, nasceu do medo de que eu, Deborah Sue Ford, morresse sem ser notada, que eu não fosse nada mais do que uma garota judia de classe média nascida na Flórida.

Então eu o convido a deixar de lado os seus julgamentos, a tirar as luvas de boxe que o instigam a lutar e a se entregar ao amor que você procura. Esse amor vive dentro de você. Quando ele for irradiado, curará a sua maior tristeza e acabará com todos os seus desapontamentos. Suavizará a sua alma e aconchegará o seu coração combalido. Fará a sua luz brilhar onde só existem trevas e o tirará da escuridão, mostrando-lhe o caminho para a luz – a luz do amor –, onde o coração coletivo aguarda o seu retorno.

Agradecimentos

A Gideon Weil, meu editor, pois eu nunca teria escrito este livro sem as suas ideias brilhantes, a sua visão e os seus ensinamentos. E a Danielle Dorman, Debra Evans e Frankie Mazon, pela enorme contribuição que vocês me deram. Este livro não teria sido possível sem vocês.

Impresso por :

gráfica e editora
Tel.:11 2769-9056